Mimi die Lesemaus Schreiblehrgang VA Ausgabe A
© 1997 R. Oldenbourg Verlag

**1**

Kennzeichne diese Dinge mit deinem Namen oder mit einem Zeichen.

Mimi die Lesemaus Schreiblehrgang VA Ausgabe A
© 1997 R. Oldenbourg Verlag

Mit welcher Hand kannst du am besten schreiben?
Zeichne möglichst viele Regenstriche und Seifenblasen.
Du hast für jede Hand eine halbe Minute Zeit.

Mimi die Lesemaus Schreiblehrgang VA  Ausgabe A
© 1997 R. Oldenbourg Verlag

**3**

Nimm für jedes Kind eine andere Farbe.

Fahre jede Lakritze in einem Zug nach.

Wer knabbert an welcher Lakritze?

Fülle jeden Balken durch einen Strich. Nimm verschiedene Farben.

Alle Mäuse rennen ins Loch. Ziehe Striche.

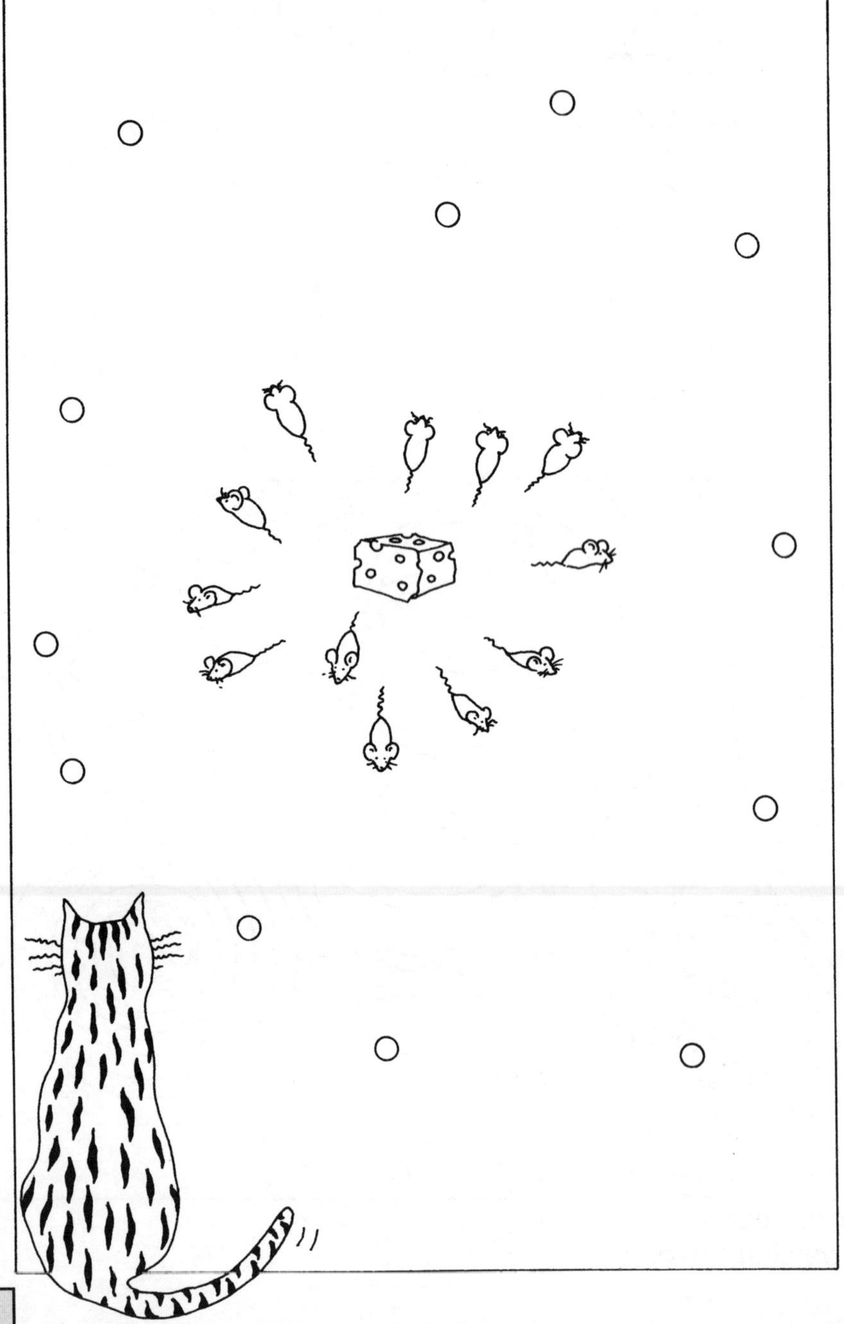

Zeichne den Weg des Motorrads. Dein Strich darf den Straßenrand nicht berühren.

Mimi die Lesemaus Schreiblehrgang VA Ausgabe A
© 1997 R.Oldenbourg Verlag

5

Welche Kleidungsstücke passen für die Puppe? Male diese an.

Im unteren Bild fehlen 8 Dinge. Zeichne sie ein.

Kreuze alle Fahrzeuge an, die nach rechts fahren.

Zeichne den Weg der Kugel.
Nimm für jede Kugel eine andere Farbe.

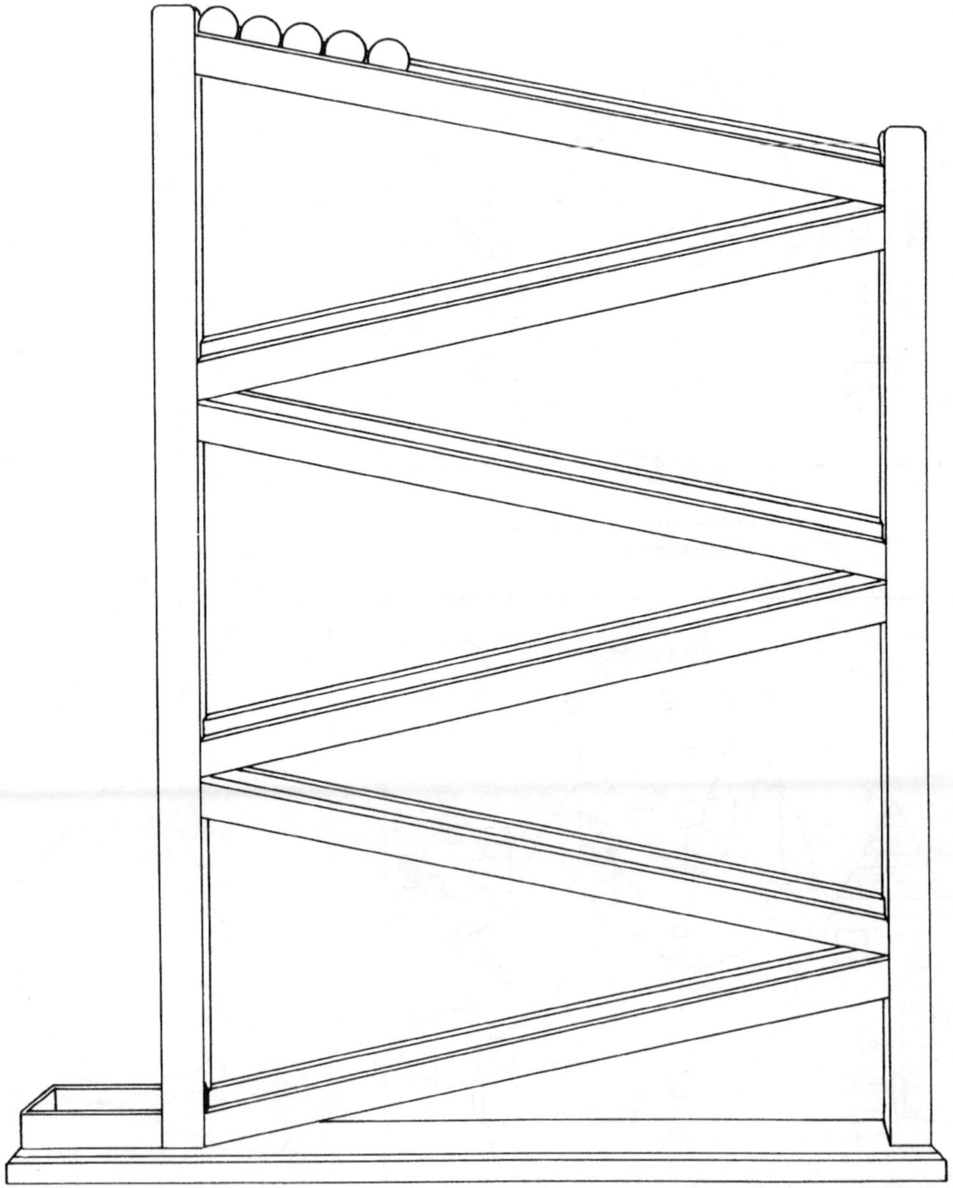

Zeichne die Stängel der Blumen mit einem Strich. Beginne bei der Blüte. Zeichne zwischen die Blumen Gräser. Lass sie aus dem Boden wachsen.

Nimm den passenden Stift und male auf die Schultüten Muster wie die Maus.

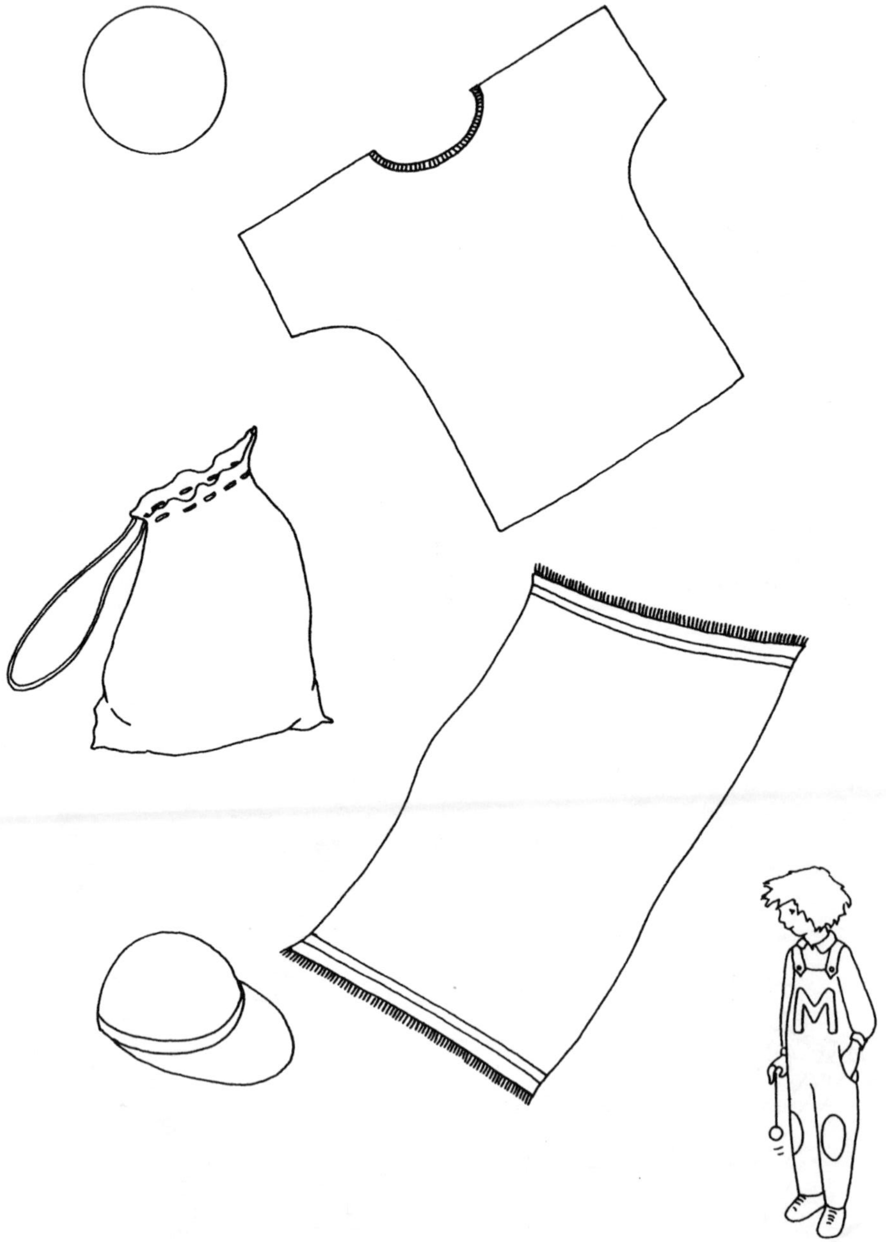

Mimi die Lesemaus Schreiblehrgang VA Ausgabe A
© 1997 R. Oldenbourg Verlag

Schreibe in den Rahmen **M**. Die feinen Linien helfen dir.

Fahre **M** mit verschiedenen Farben nach.

Kennzeichne alle Gegenstände mit **M**. Wem können sie gehören?

Der Traktor rollt nach links. Male die Räder so, wie der Traktor rollt. Sprich dazu: **Räder rollen, rollen, rollen …**

Oo

Fahre die Seifenblasen von rechts nach links nach. Beginne immer an der richtigen Stelle. Zeichne noch mehr Seifenblasen.

Fahre **O o** mit verschiedenen Farben nach. Achte auf die Schreibpfeile.

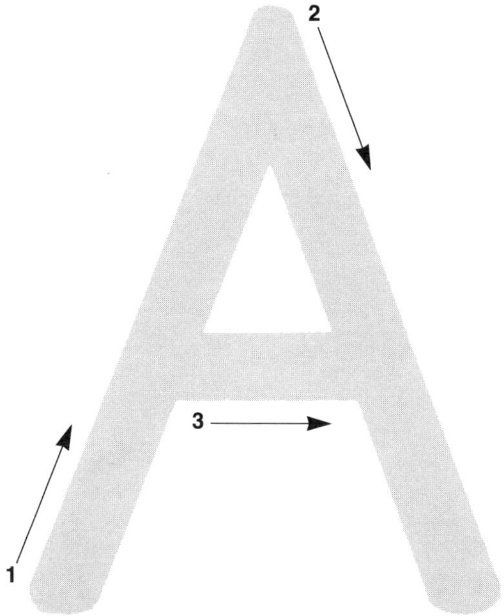

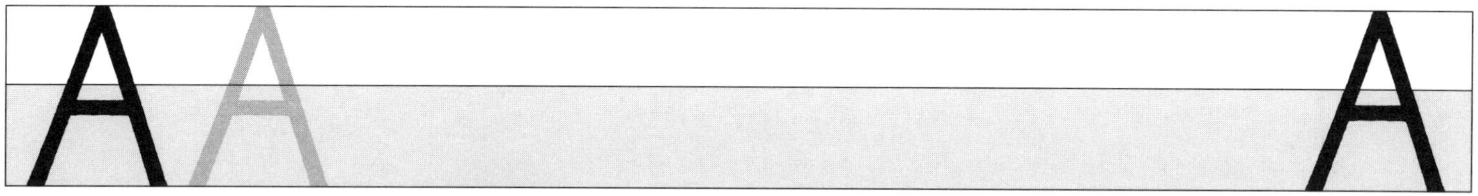

Mimi die Lesemaus Schreiblehrgang VA Ausgabe A
© 1997 R. Oldenbourg Verlag

**11**

Zeichne Zipfelmützen und sing dazu.

Es geht eine Zipfelmütz'

Schreibe die Reihen zu Ende.

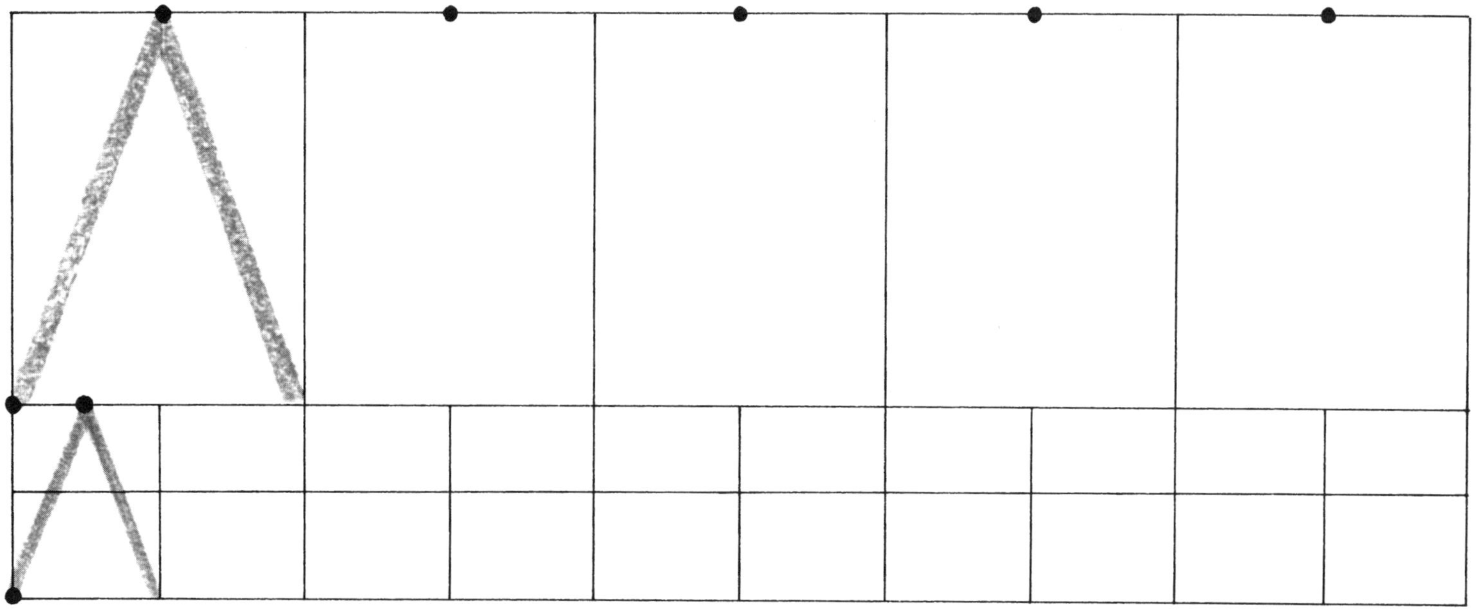

Fahre **A** mit verschiedenen Farben nach.
Achte auf die Schreibpfeile.

Schreibe die Anfangsbuchstaben der Abbildungen in die Zeilen.

Wem sollen die Päckchen gehören? Schreibe **MAMA** oder **OMA** darauf.

Fahre **a** mit verschiedenen Farben nach. Achte darauf, dass du richtig beginnst.

Zeichne die Köpfe fertig. Beginne oben am rechten Ohr. Fahre dann das linke Ohr nach.

Fahre die Sprungbewegungen mit verschiedenen Farben nach. Sprich dazu.

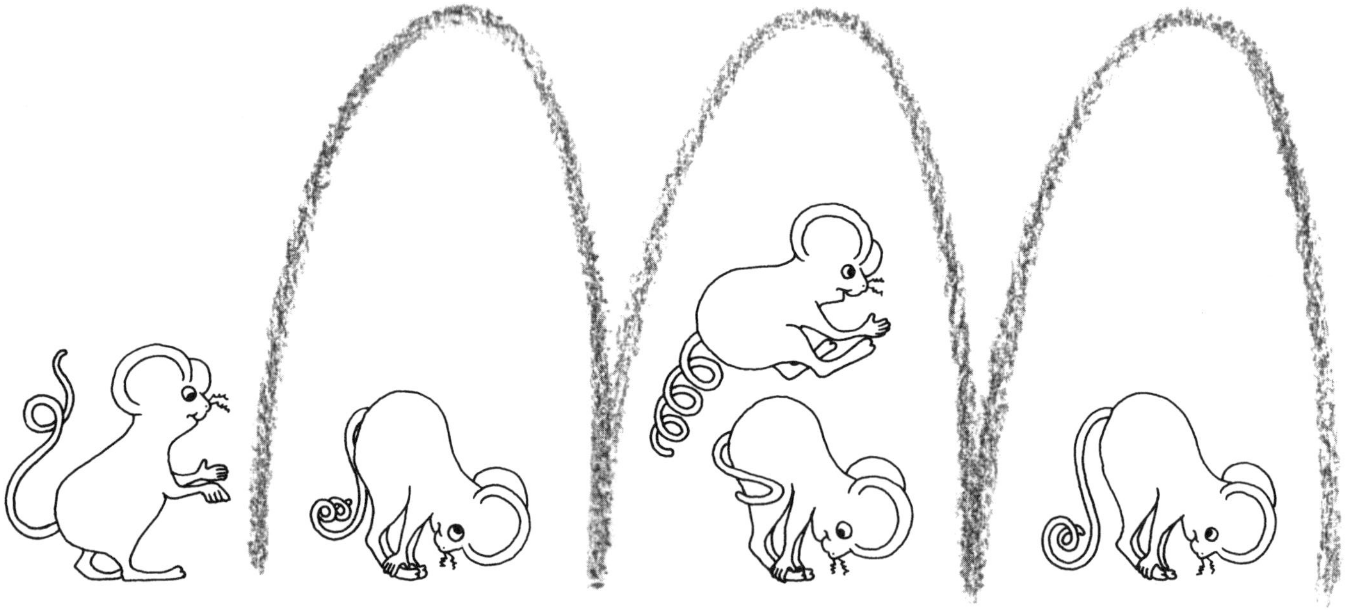

Hopp, hopp, hopp,
Mäuschen springen Bock.

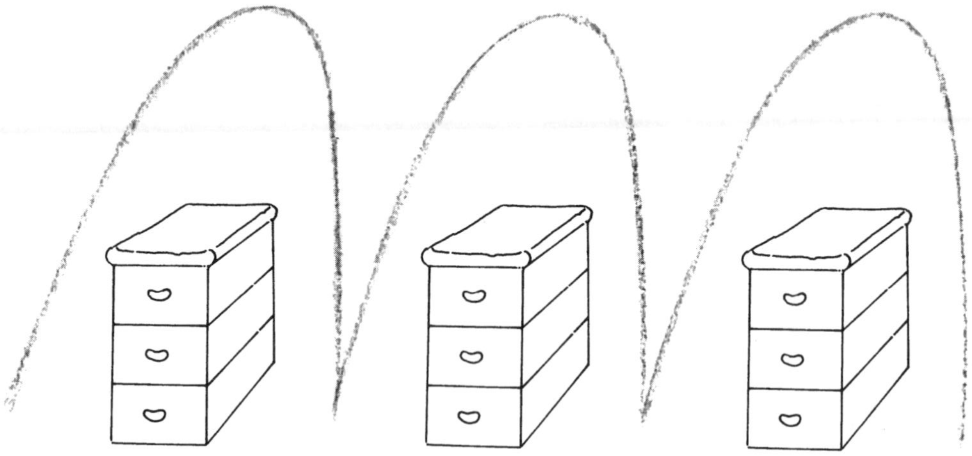

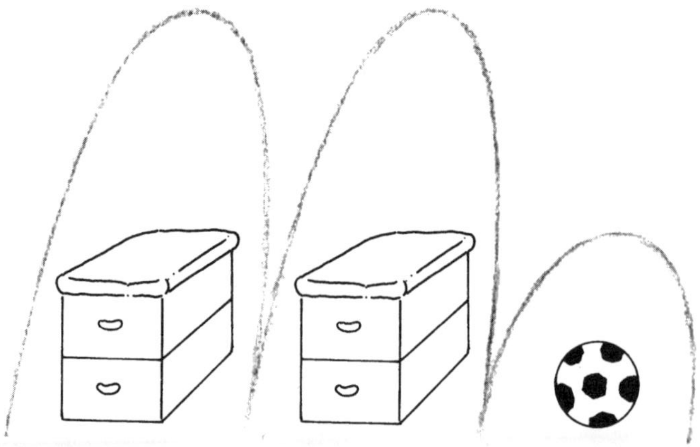

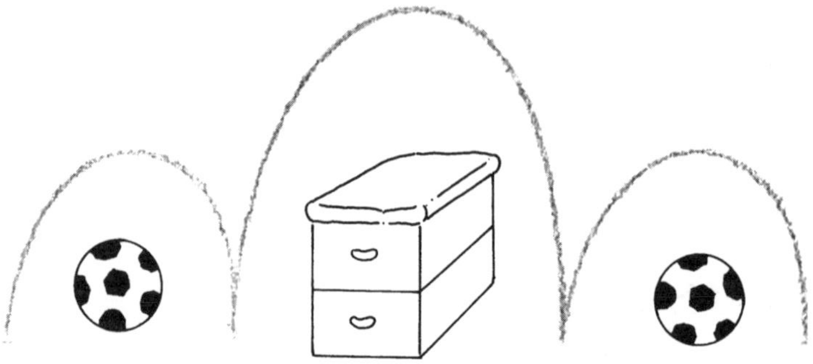

Mimi die Lesemaus Schreiblehrgang VA Ausgabe A
© 1997 R.Oldenbourg Verlag

Fahre **m** mit verschiedenen Farben nach.
Achte auf die Richtungspfeile.

Schreibe alle **m** nach und fertig.

Zeichne Regenstriche und Tropfen. Sprich dazu.

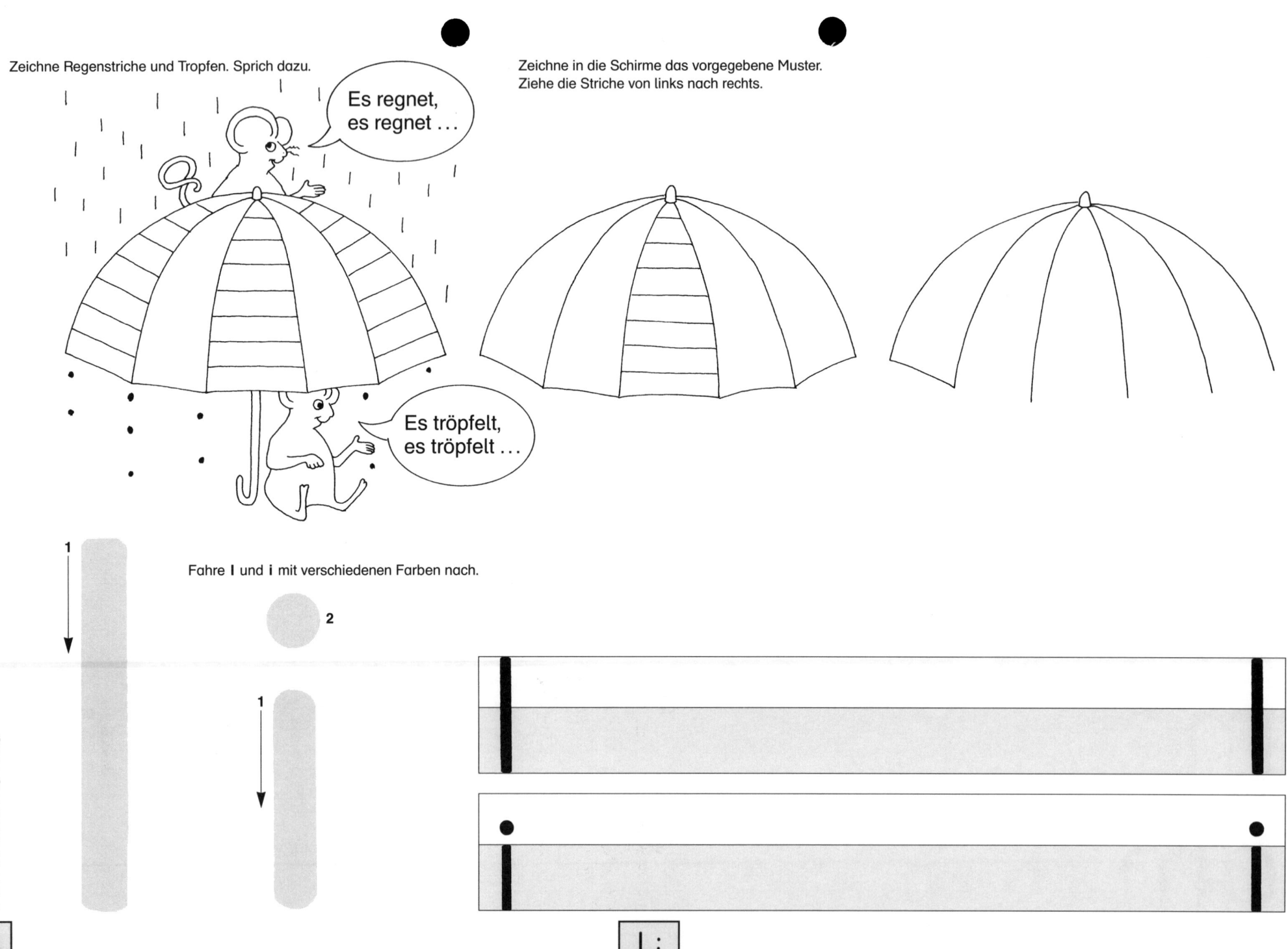

Es regnet, es regnet ….

Es tröpfelt, es tröpfelt ….

Zeichne in die Schirme das vorgegebene Muster.
Ziehe die Striche von links nach rechts.

Fahre I und i mit verschiedenen Farben nach.

I i

Mimi die Lesemaus Schreiblehrgang VA Ausgabe A
© 1997 R. Oldenbourg Verlag

**am**

**im**

Was passt zu den Bildchen? Schreibe **im** oder **am** in die Zeilen.

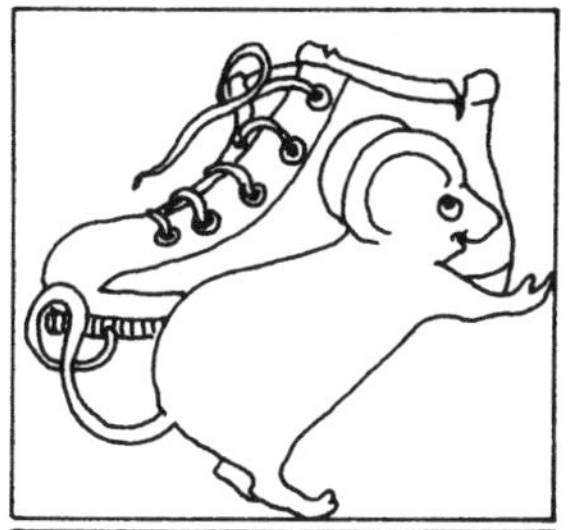

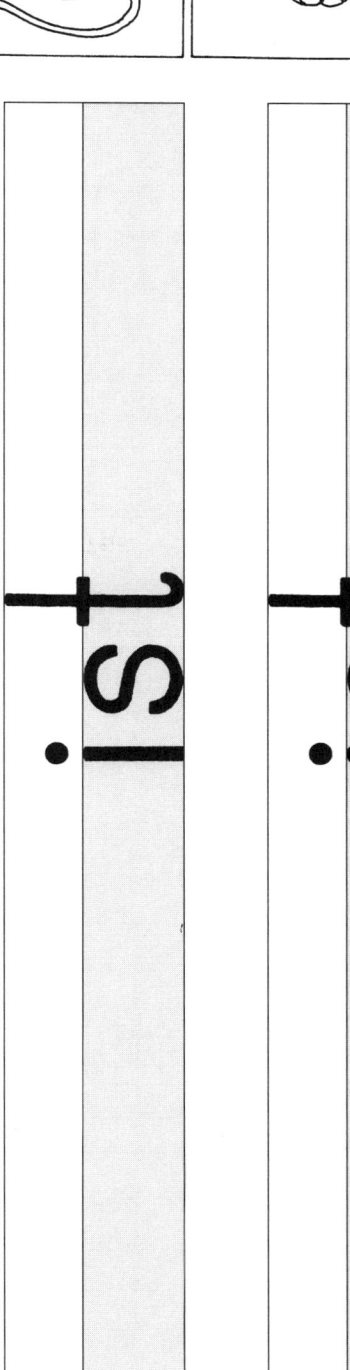

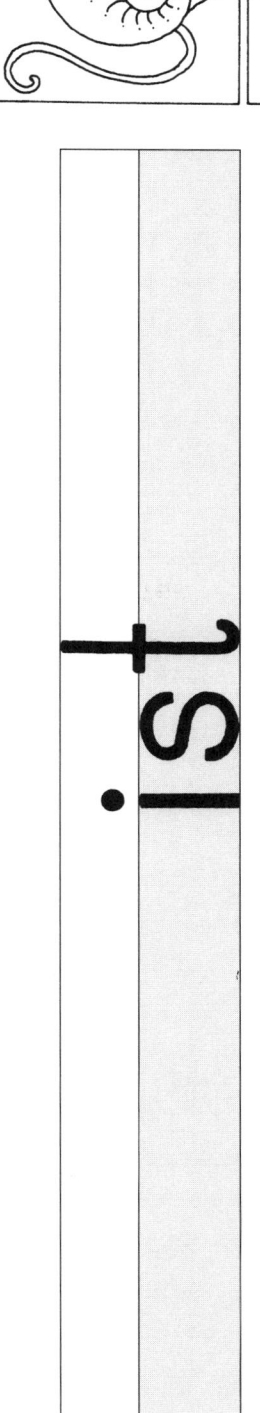

Mimi ist am

ist

ist

**L**

Mimi läuft mehrmals die Treppen hinunter.
Zeichne jeden Lauf mit einer anderen Farbe.
Zeichne in die Leiter möglichst viele **L**.
Nimm für jedes **L** eine andere Farbe.

Fahre **L** mit verschiedenen Farben nach.

Schreibe **Lamm** und **Lama** in die Zeilen.

Zeichne Dachziegel auf die Dächer.

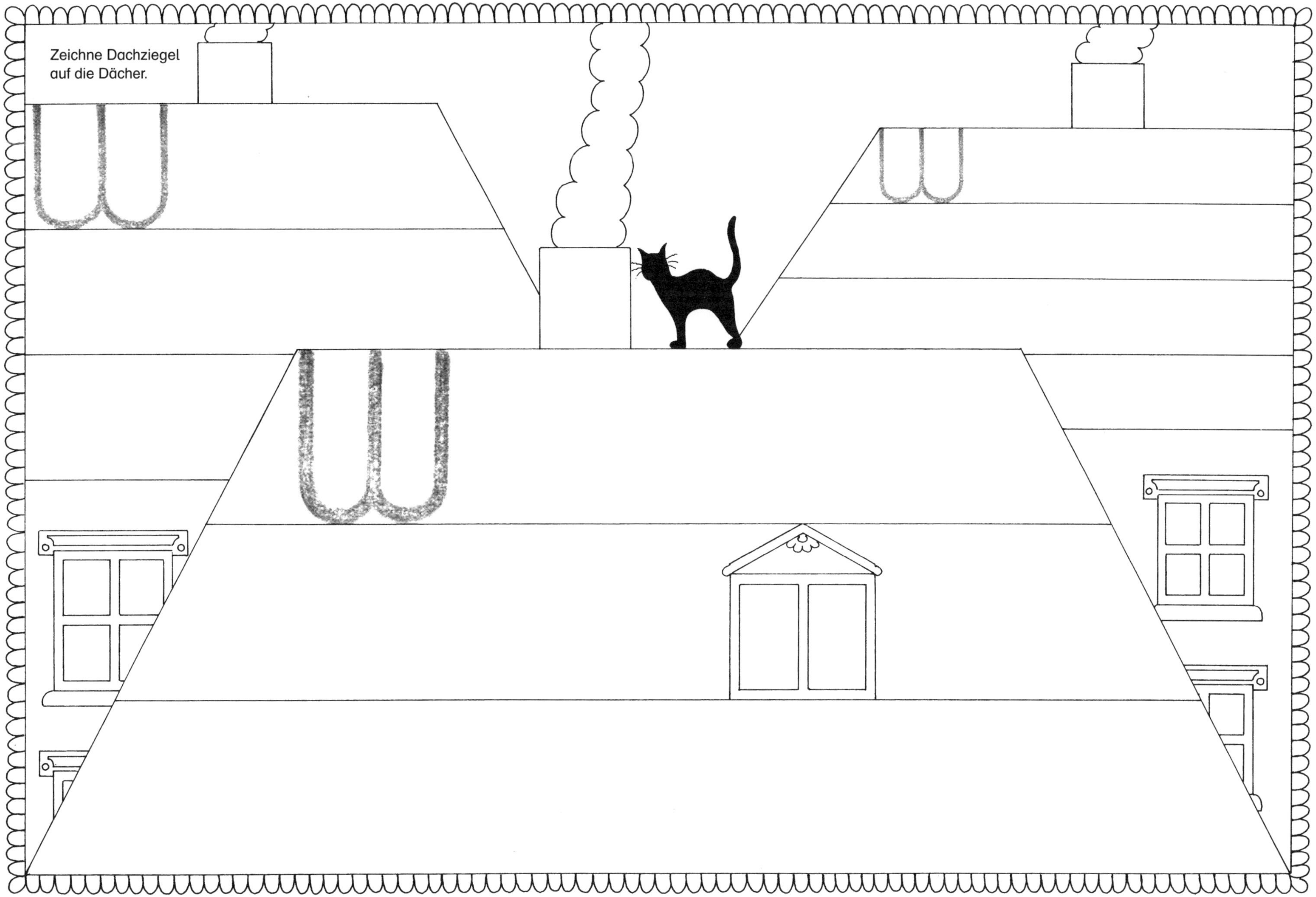

Mimi die Lesemaus Schreiblehrgang VA Ausgabe A
© 1997 R. Oldenbourg Verlag

Fahre **l** mit verschiedenen Farben nach.

Fahre **l** blau und **L** rot nach.

Was ist **lila**?

Schreibe die Namen.

Mimi die Lesemaus Schreiblehrgang VA Ausgabe A
© 1997 R. Oldenbourg Verlag

# T t

**Fahre T t mit verschiedenen Farben nach. Achte auf die Richtungspfeile.**

**Erfinde Sätze.**

Timo malt

**Ergänze die Striche zu T oder t.**

22
Mimi die Lesemaus Schreiblehrgang VA  Ausgabe A
© 1997 R. Oldenbourg Verlag

Ich fahre immer rundherum.

Die Maus fährt Rollschuhkreise.
Zeichne die Spur mit verschiedenen Farben nach.
Achte auf den richtigen Beginn. Sprich dazu.

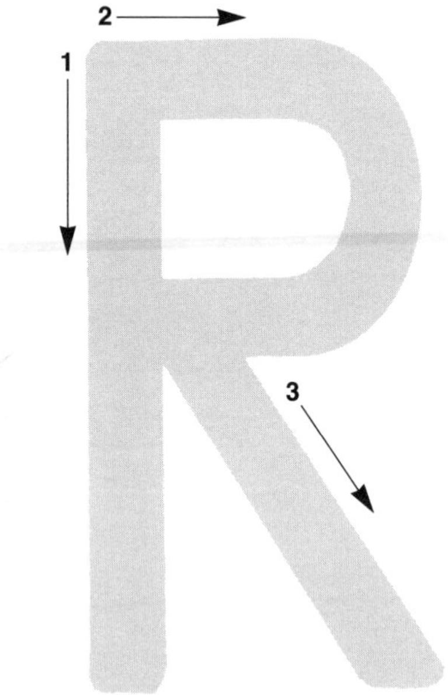

Zeichne allen Männchen einen Rucksack. Beginne oben.

Fahre **R** mit verschiedenen Farben nach.
Achte auf die Richtungspfeile.

Schreibe die richtigen Wortanfänge neben die Bilder.

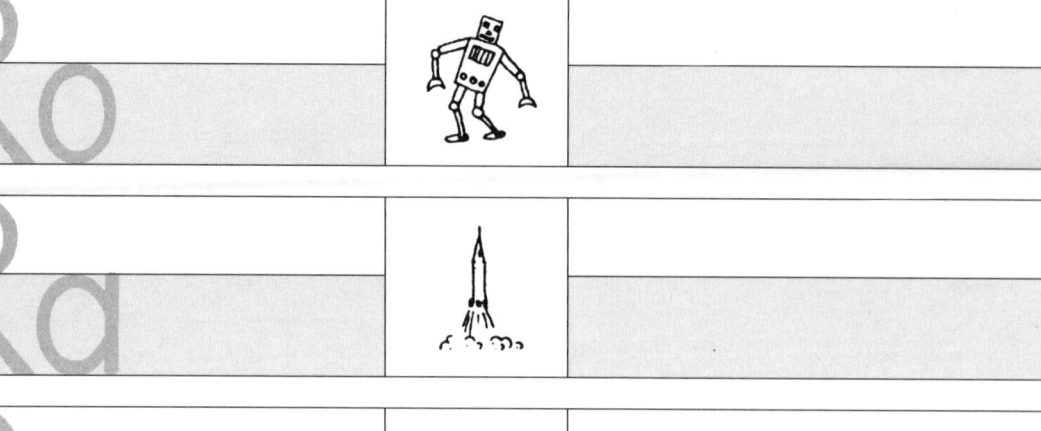

R

Mimi die Lesemaus Schreiblehrgang VA Ausgabe A
© 1997 R. Oldenbourg Verlag

**r**

Schreibe **r** in die Bögen.

Fahre **r** mit verschiedenen Farben nach.

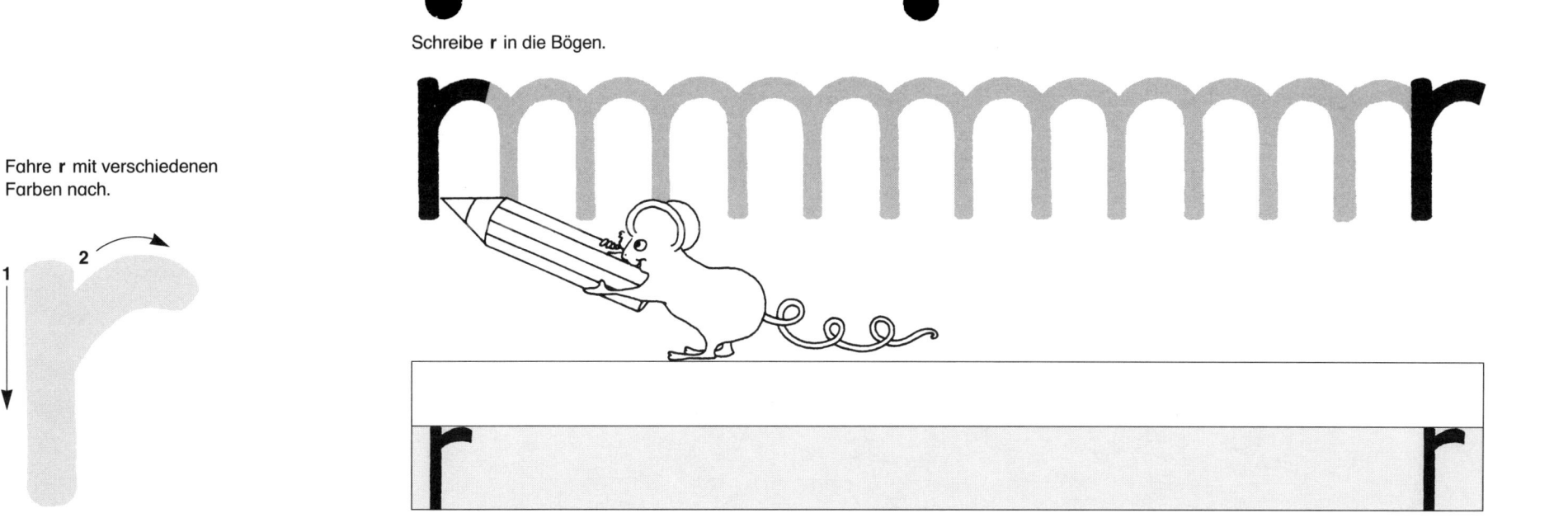

Schreibe neben die Bildchen **rot** oder **Tor**. Male selbst zwei passende Bildchen.

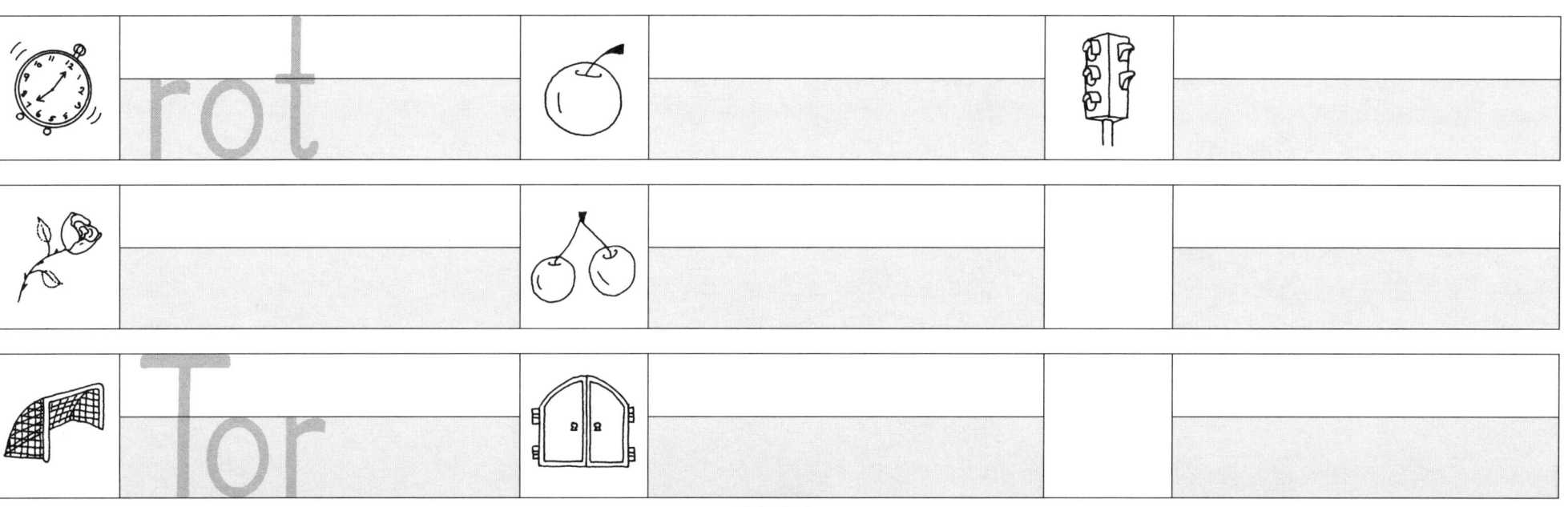

rot

Tor

24

Mimi die Lesemaus Schreiblehrgang VA Ausgabe A
© 1997 R. Oldenbourg Verlag

Fahre alle **S** mit verschiedenen Farben nach.

Sprich dazu: Achtung, fertig, los!

S

Mimi die Lesemaus Schreiblehrgang VA Ausgabe A
© 1997 R. Oldenbourg Verlag

Fahre **S s** mit verschiedenen Farben nach.

Schreibe Sätze und lies sie vor.

Sissi rast mit ... los.

# 26

Mimi die Lesemaus Schreiblehrgang VA Ausgabe A
© 1997 R. Oldenbourg Verlag

Schreibe die Musterreihe fertig.

Fahre **W** mit verschiedenen Farben nach.

Was sprechen die Personen?

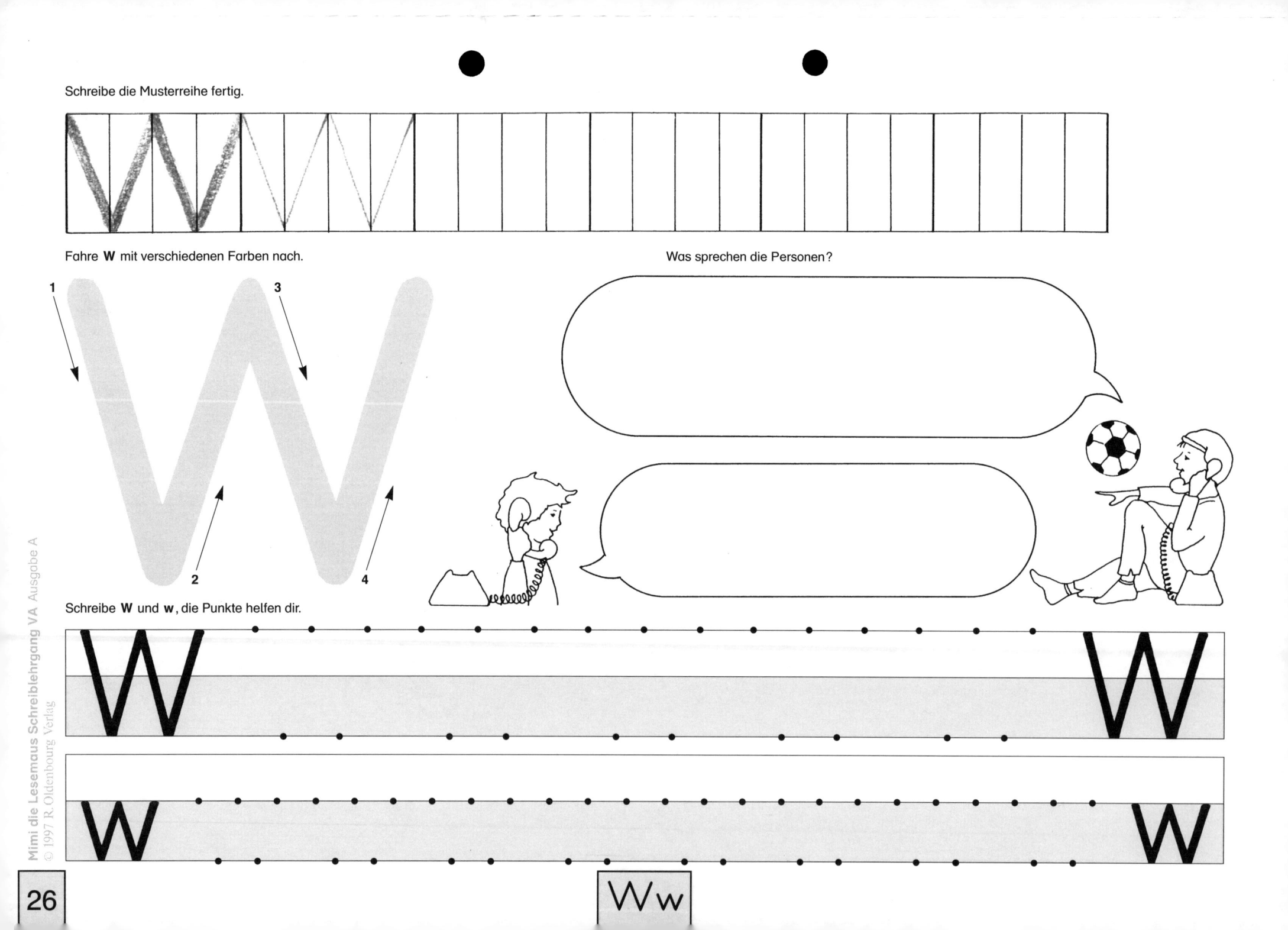

Schreibe **W** und **w**, die Punkte helfen dir.

Ww

Mimi die Lesemaus Schreiblehrgang VA Ausgabe A
© 1997 R.Oldenbourg Verlag

27

Fahre **U u** mit verschiedenen Farben nach.

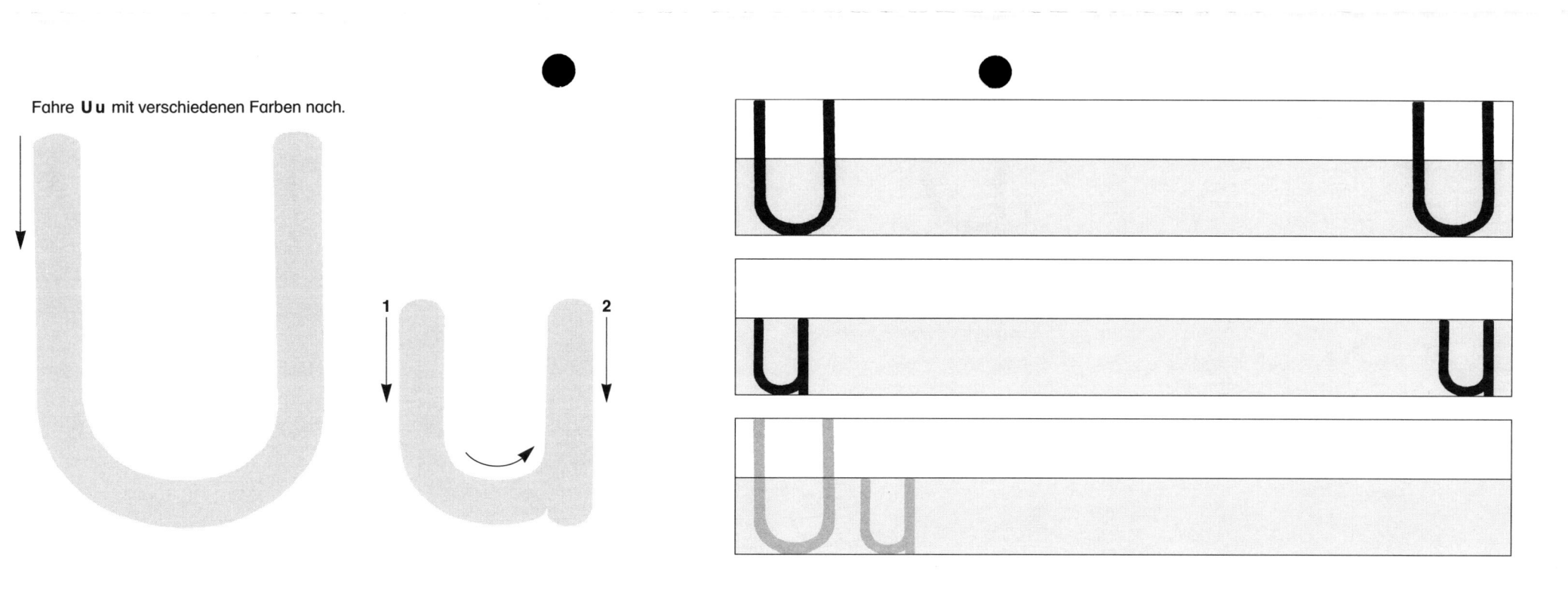

U u

Schreibe die Namen in die Zeilen.

Ursula Uta Mutti

U u

Zeichne den Ball fertig. Beginne in der Mitte.

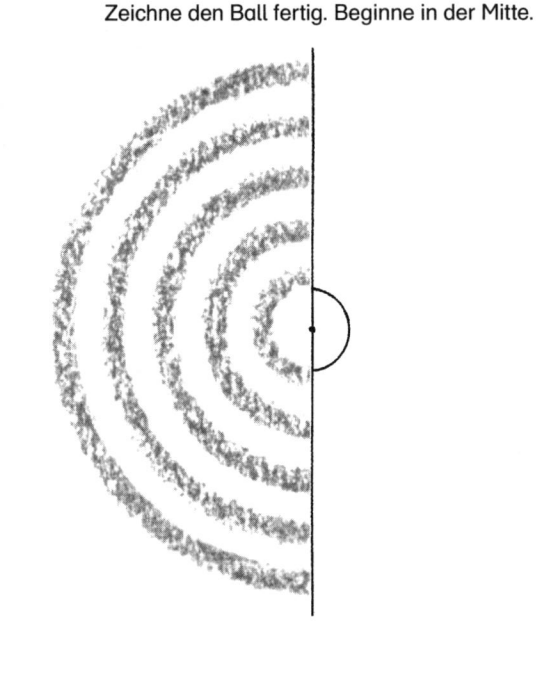

Fahre **D** mit verschiedenen Farben nach.

Wem gehören die Dinge? Schreibe die Namen in die Zeilen.

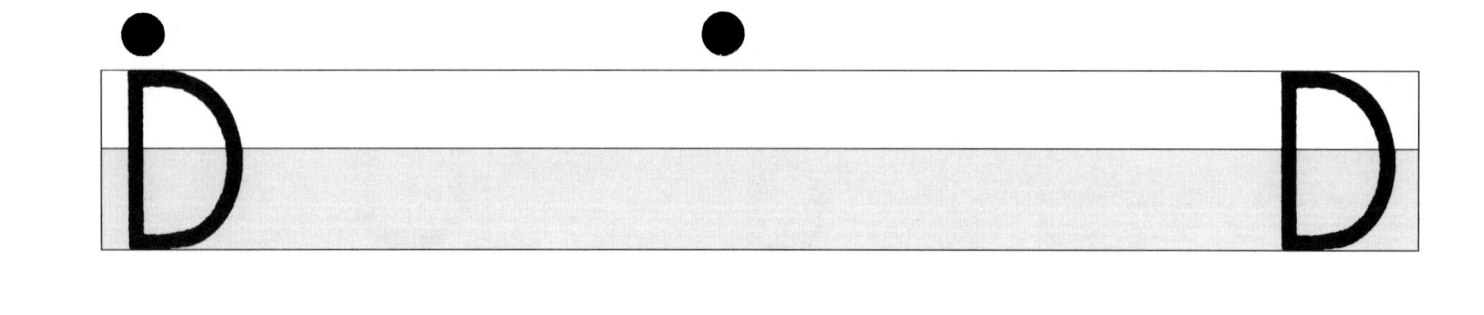

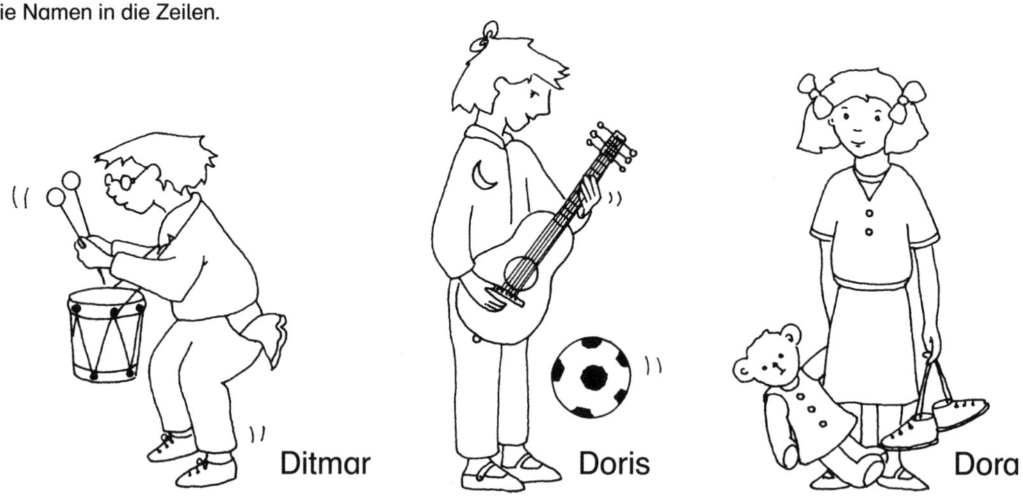

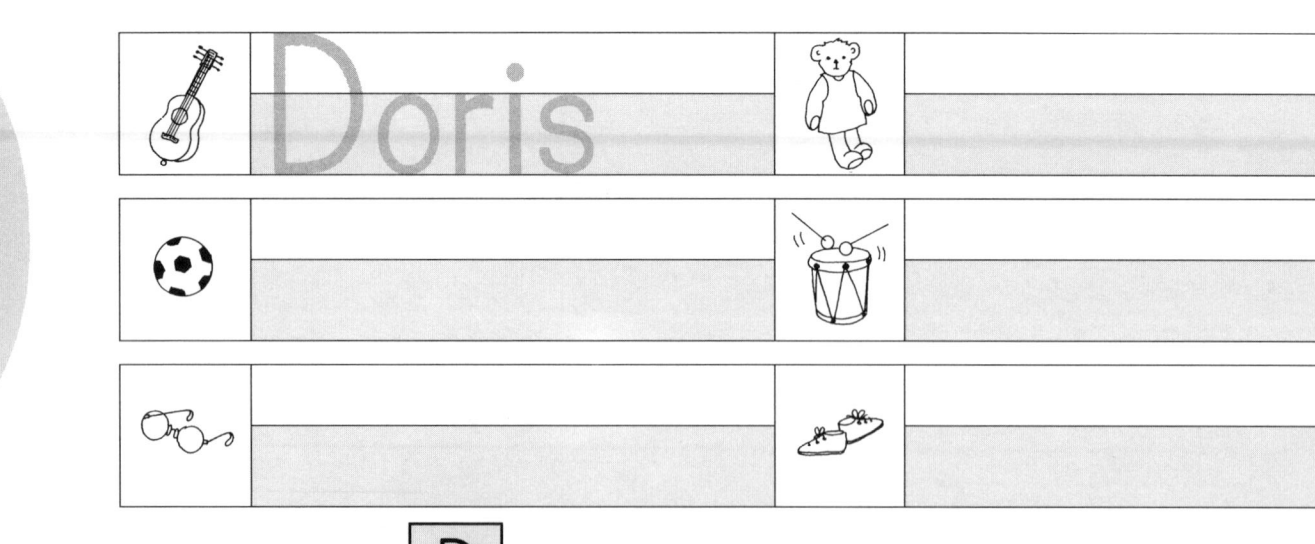

Ditmar

Doris

Dora

Doris

Mimi die Lesemaus Schreiblehrgang VA Ausgabe A
© 1997 R. Oldenbourg Verlag

29

d

**d** d

Erfinde Sätze.

Doris ist mit

Was sagt das Kind?

Fahre das Tau mit verschiedenen
Farben nach.
Beginne bei der Maus.

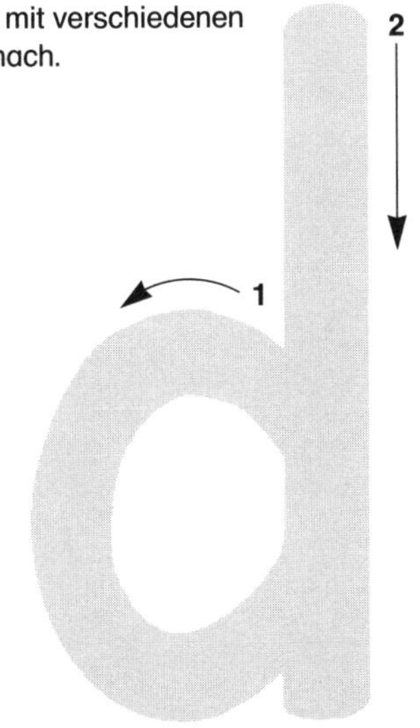

Fahre **d** mit verschiedenen
Farben nach.

# E e

Fahre **E e** mit verschiedenen Farben nach.

Passt **der** oder **das** zu den Bildern?

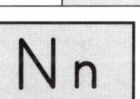

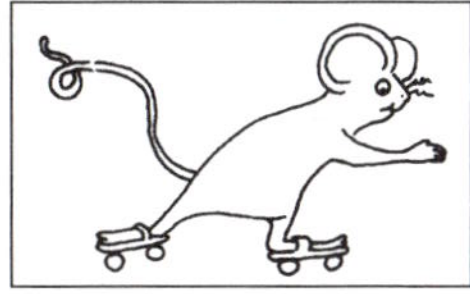

Mimi die Lesemaus **Schreiblehrgang VA** Ausgabe A
© 1997 R. Oldenbourg Verlag

31

N n

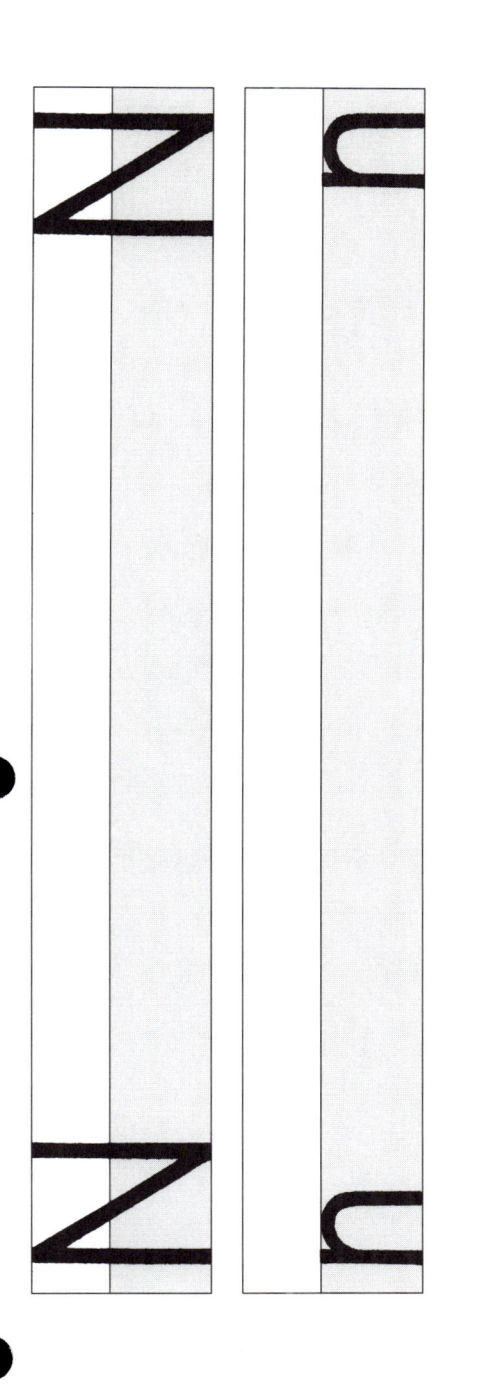

Was tut Mimi?
Wähle das passende Wort aus und schreibe es in die Zeile.

**malen, wandern, rollen, retten, treten, raten, essen, lesen, melden**

Fahre **N n** mit verschiedenen Farben nach.

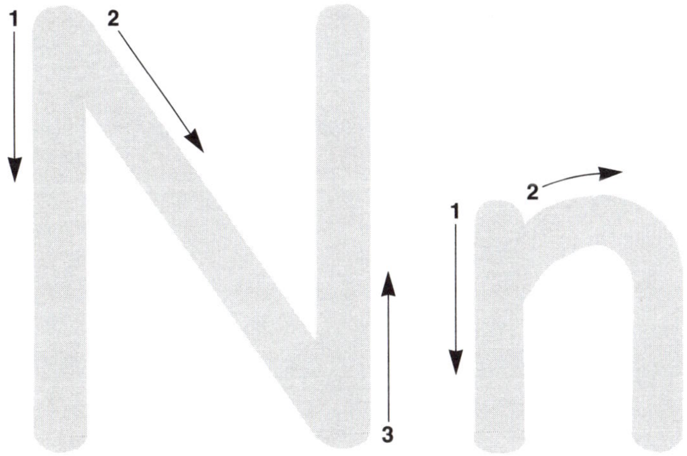

Fahre **M** gelb, **N** orange, **A** rot, **W** grün nach.

# Sch sch

Fahre **Sch sch** mit verschiedenen Farben nach.

Schreibe **Sch** oder **sch** zu den Abbildungen.

Finde selbst drei Wörter, die mit **Sch** beginnen, und male sie.

Mimi die Lesemaus Schreiblehrgang VA Ausgabe A
© 1997 R. Oldenbourg Verlag

33

Fahre **K k ck** mit verschiedenen Farben nach.

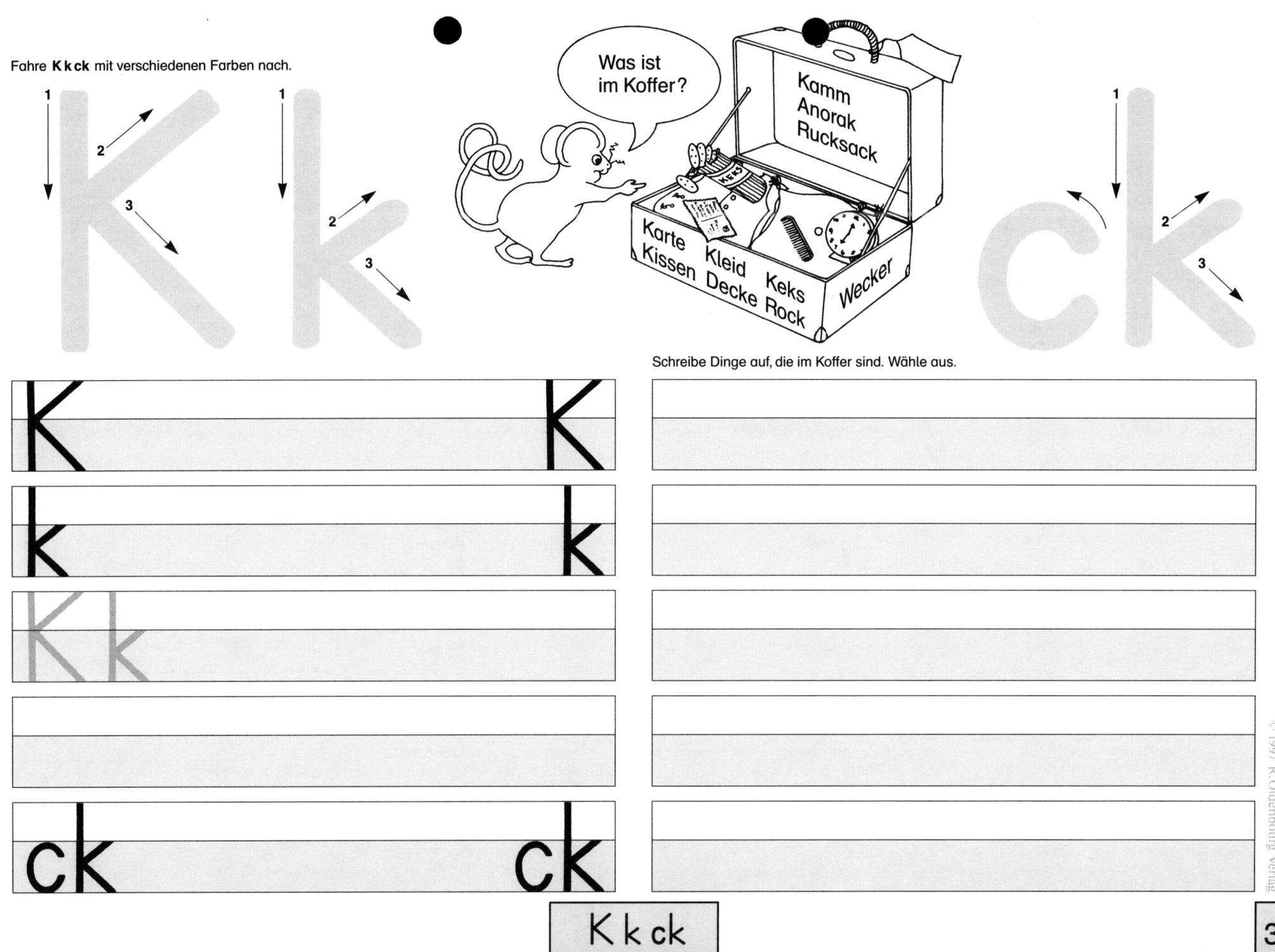

Was ist im Koffer?

Kamm Anorak Rucksack Wecker Keks Kleid Decke Rock Karte Kissen

Schreibe Dinge auf, die im Koffer sind. Wähle aus.

K k ck

Fahre **B b** mit verschiedenen Farben nach.

Fahre **F f** mit verschiedenen Farben nach.

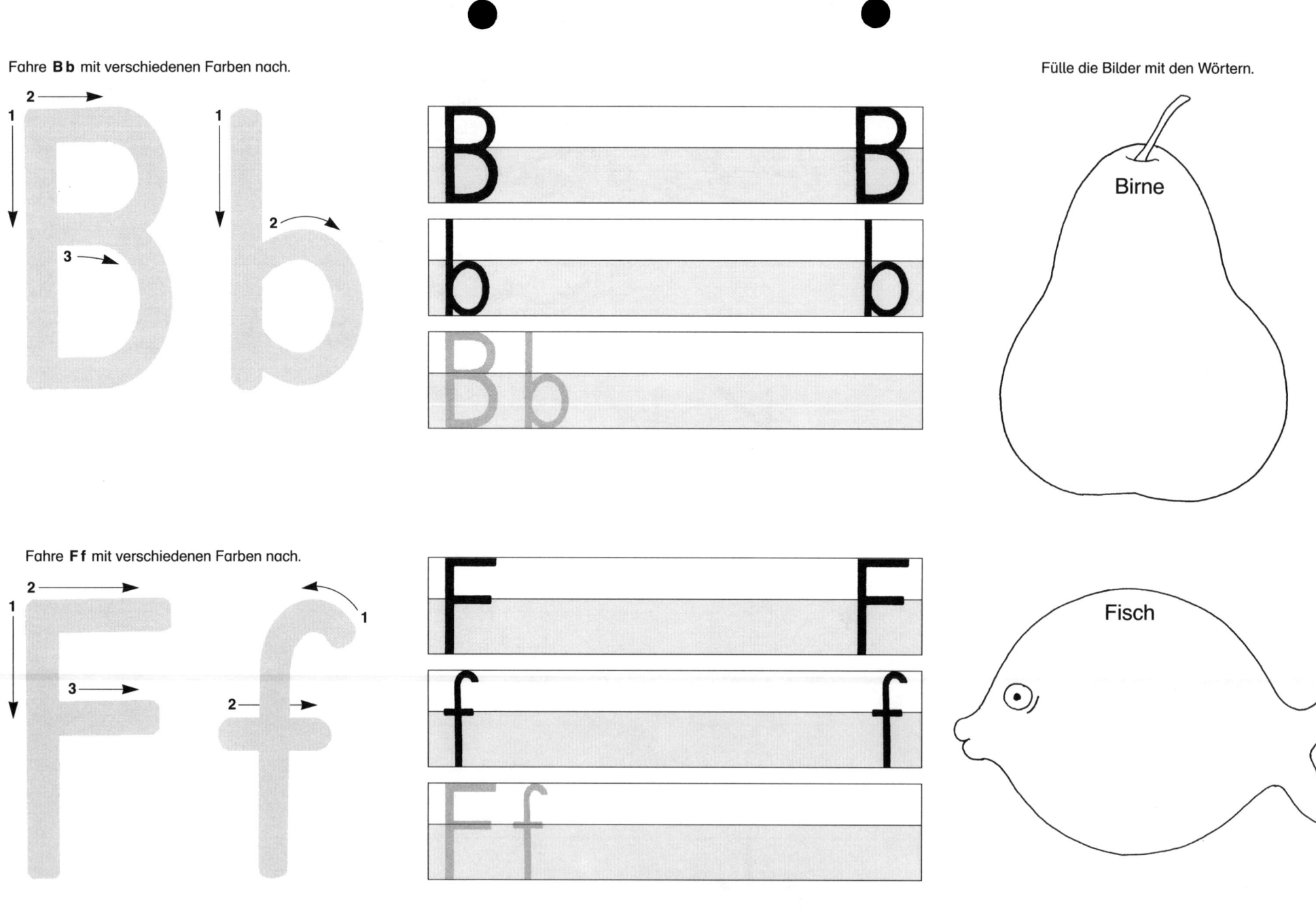

Fülle die Bilder mit den Wörtern.

Fisch

Birne

Mimi die Lesemaus Schreiblehrgang VA Ausgabe A
© 1997 R. Oldenbourg Verlag

35

Zeichne in die Gans ein **G**.

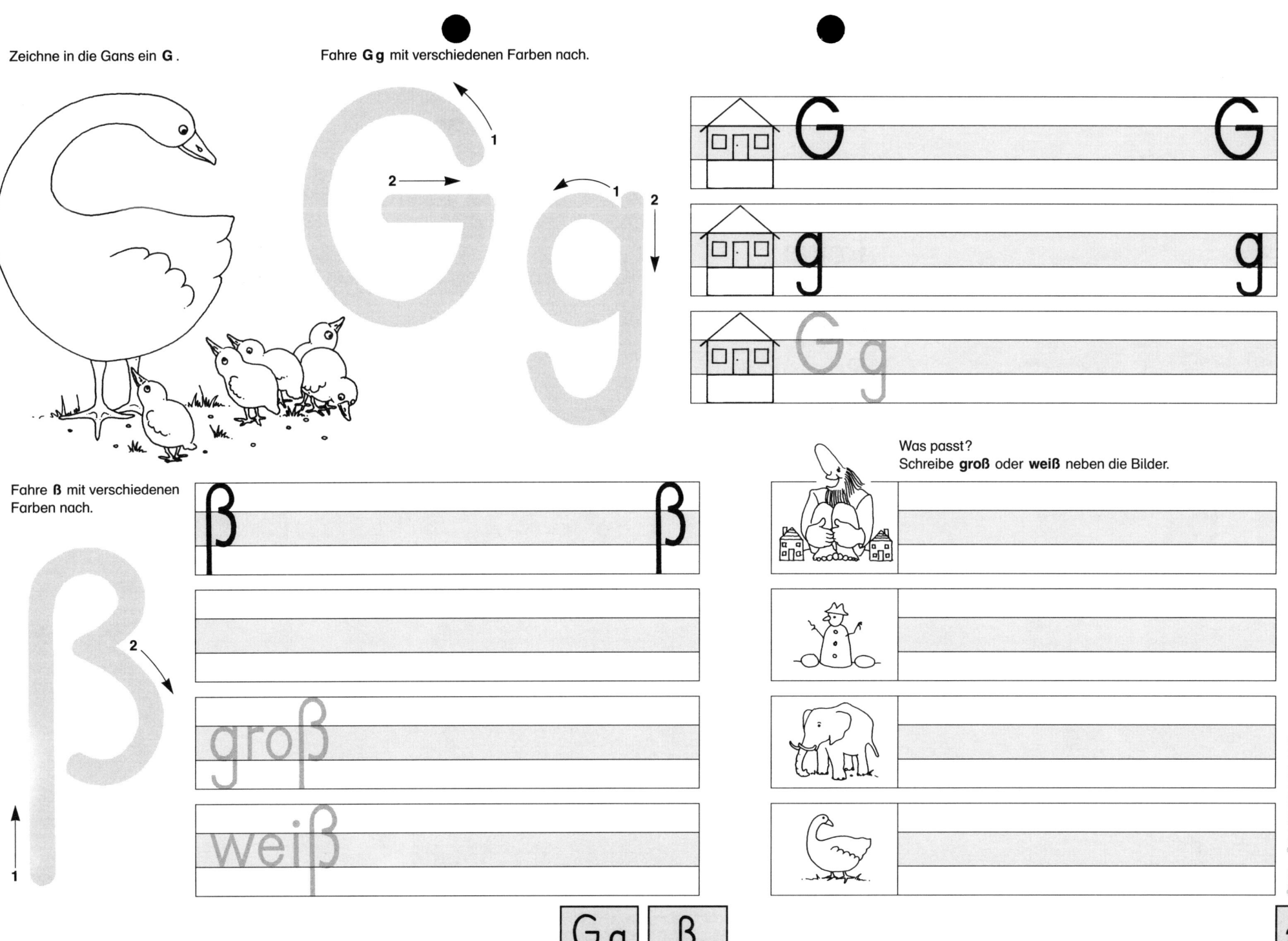

Fahre **G g** mit verschiedenen Farben nach.

Was passt?
Schreibe **groß** oder **weiß** neben die Bilder.

Fahre **ß** mit verschiedenen Farben nach.

G g | ß

Fahre **Pp** mit verschiedenen Farben nach.

# P p

Pp

Papier
Pappe
Peter
Paket
Post

Puppe

Erzähle die Bildergeschichte.
Schreibe unter jedes Bild
ein passendes Wort.
Schreibe zu der Geschichte
einen Satz auf.

Pp
papa
Papa
Opa

Mimi die Lesemaus Schreiblehrgang VA Ausgabe A
© 1997 R. Oldenbourg Verlag

# Hh

Fahre **H h** mit verschiedenen Farben nach.
Achte auf die Richtungspfeile.

Was sagen Hase und Igel? Suche den passenden Satz in der Fibel Seite 59.

Der Hase schnaufte:

Der Igel rief:

# Zz

Fahre **Z z** mit verschiedenen Farben nach.
Achte auf die Richtungspfeile.

Schreibe **Z z** in die Rechtecke.

Reime weiter.

zwicke zwacke

in die Backe

in die Nase

in die Hand

Hh  Zz

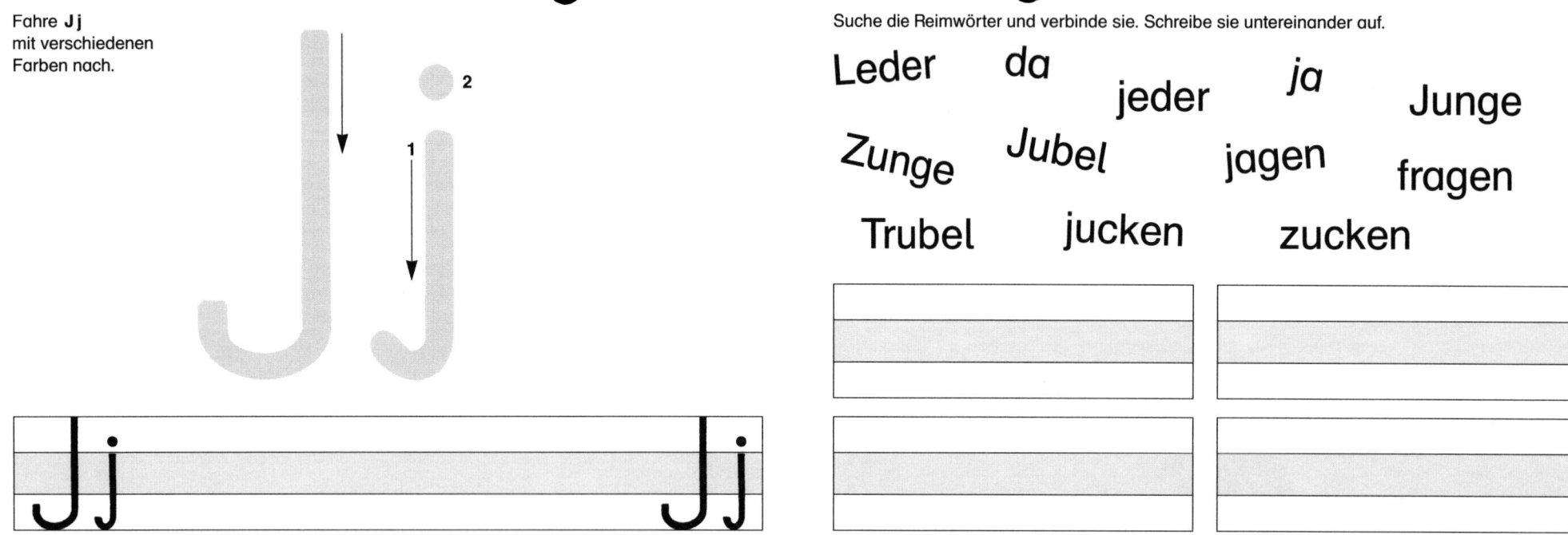

Fahre **Jj** mit verschiedenen Farben nach.

Suche die Reimwörter und verbinde sie. Schreibe sie untereinander auf.

Leder   da   jeder   ja   Junge
Zunge   Jubel   jagen   fragen
Trubel   jucken   zucken

Schreibe die Monatsnamen auf.

Juni 1  Juli 2  Januar 4

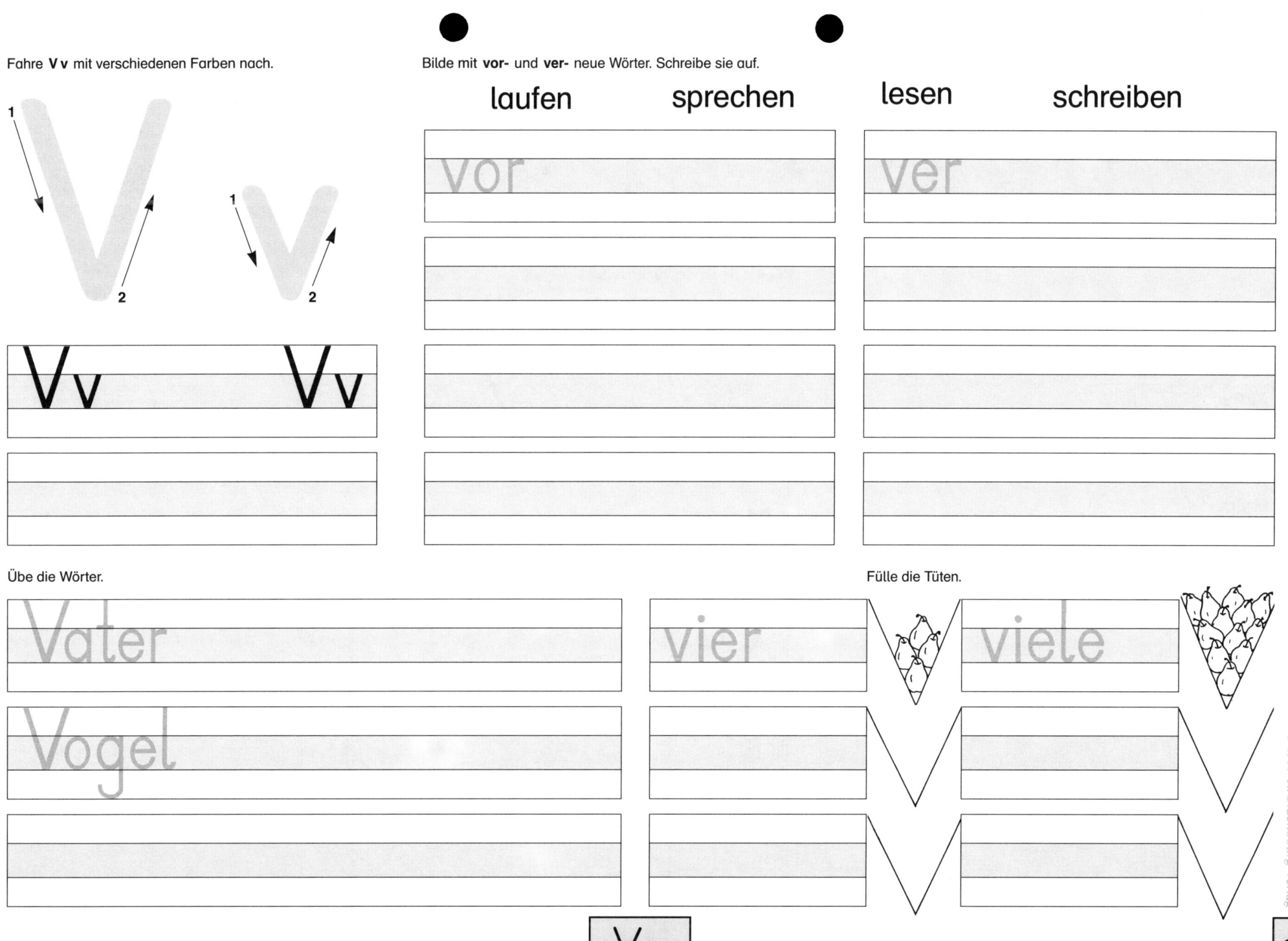

Mimi die Lesemaus Schreiblehrgang VA Ausgabe A
© 1997 R. Oldenbourg Verlag

39

Fahre **V v** mit verschiedenen Farben nach.

Bilde mit **vor-** und **ver-** neue Wörter. Schreibe sie auf.

| laufen | sprechen | lesen | schreiben |

vor

ver

Übe die Wörter.

Vater

Vogel

Fülle die Tüten.

vier

viele

V v

# Qu qu

Fahre die Buchstaben mit verschiedenen Farben nach.

# Y y

Schreibe die Wörter zu den Bildern.

Teddy   Pyramide   Pony
Yoga                Labyrinth

# X x

Hexe   Axt   Mixer
Taxi         Boxer

Bilde Reimwörter mit **Qu qu** und schreibe sie auf.

Matsch

Halm

Welle

schwer

klatschen

| Qu qu | Y y | X x |

A B C D E F G H I J K L M N O P Q u R S T U V W X Y Z

$\mathcal{ABCDEFGHJKLMNOPQuRSTUVWXYZ}$

Liebe Kinder,
auf den folgenden Seiten
lernt ihr eine neue Schrift.
Sie heißt Schreibschrift.
Bei der Schreibschrift werden im Wort
die Buchstaben miteinander verbunden.

Neuigkeit!

Ihr habt sicher schon gemerkt:
einige Buchstaben sehen fast
so aus wie in der Druckschrift,
einige Buchstaben sind anders.

Fahre im Alphabet ähnliche
Buchstaben farbig nach.

Alle Buchstaben der
Schreibschrift neigen sich
nach rechts.

Viel Erfolg und Freude
beim Schreiben!
Euere

| D | r | u | c | k | s | c | h | r | i | f | t |

Fahre die Buchstaben nach.

$\mathcal{Schreibschrift}$

a b c d e f g h i j k l m n o p q u r s t u v w x y z

$\mathit{abcdefghijklmnopqurstuvwxyz}$

Fahre die Lauf- und Sprungbewegungen in einem Schwung nach.

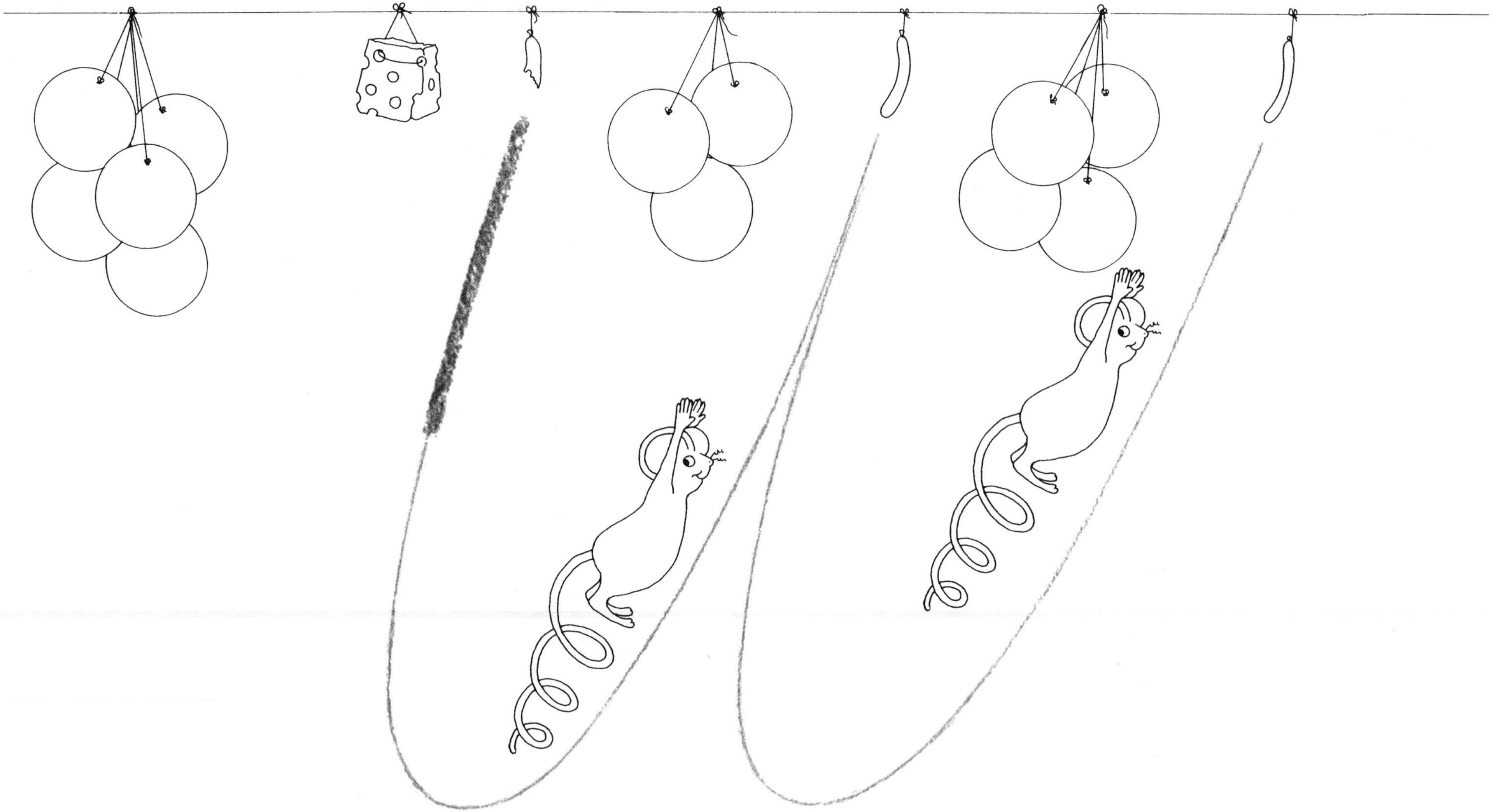

Fahre die Schwünge mit verschiedenen Farben nach.

Zeichne die Schuppen in den Fisch.

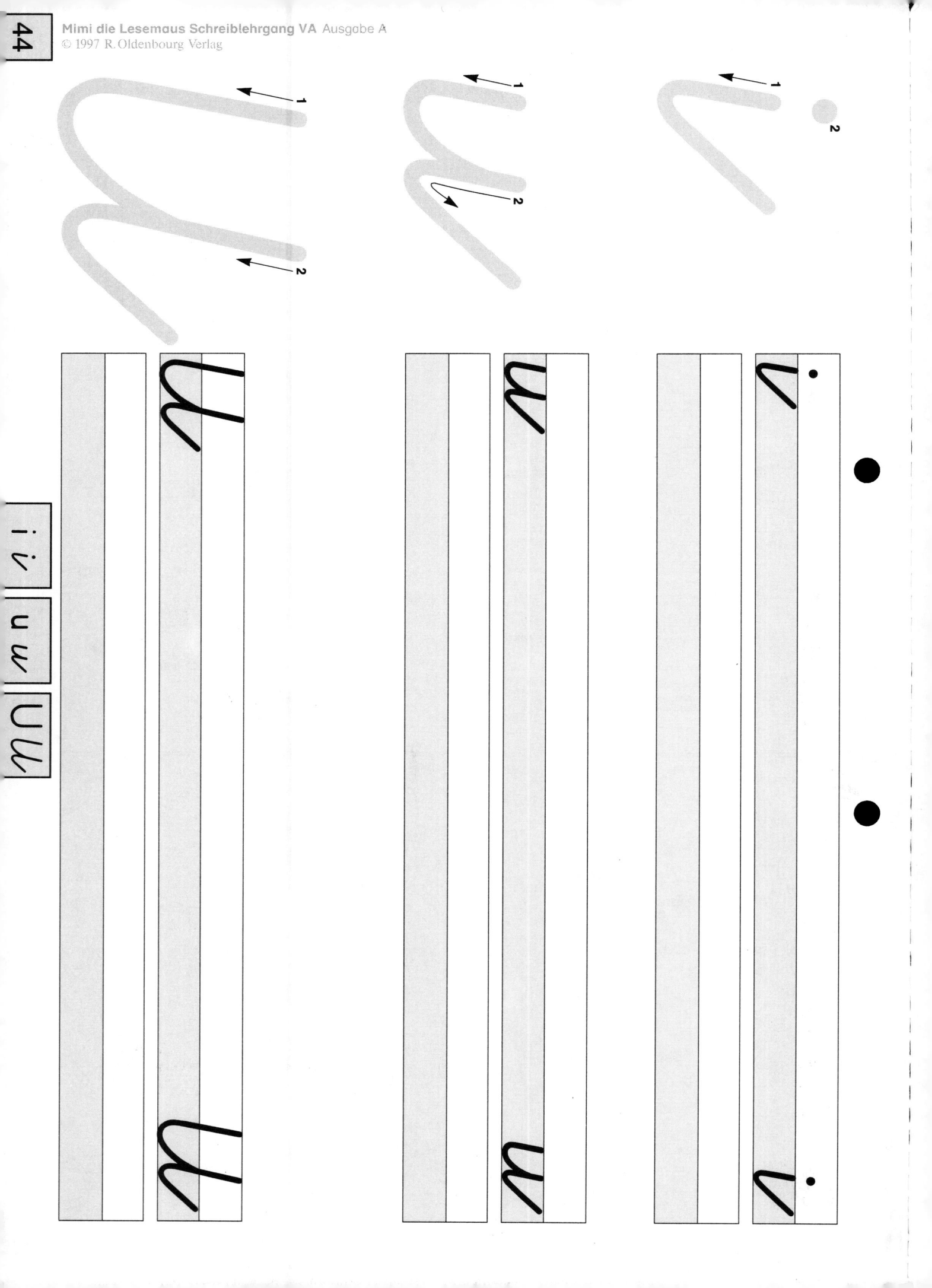

Mimi die Lesemaus Schreiblehrgang VA Ausgabe A
© 1997 R. Oldenbourg Verlag

i u w U U

Schreibe den passenden Wortanfang *Tu* oder *Tü*.

t  T T

Zeichne die Musterreihen des Pullovers fertig.
Du kannst dabei das Blatt in die beste Schreiblage drehen.
Fahre die fertigen Muster farbig nach.

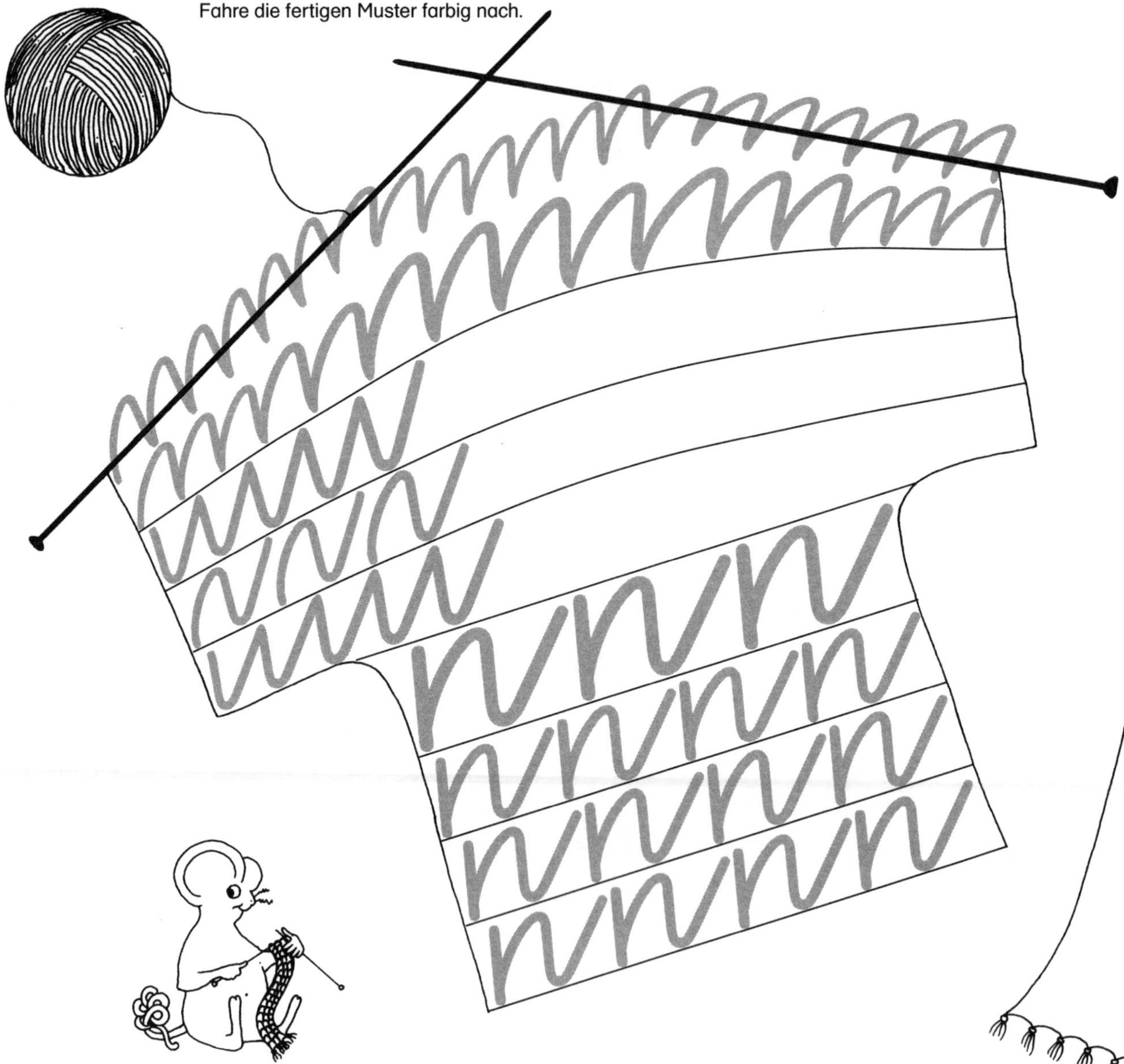

Erfinde Muster mit Bögen.
Zeichne den Schal fertig.

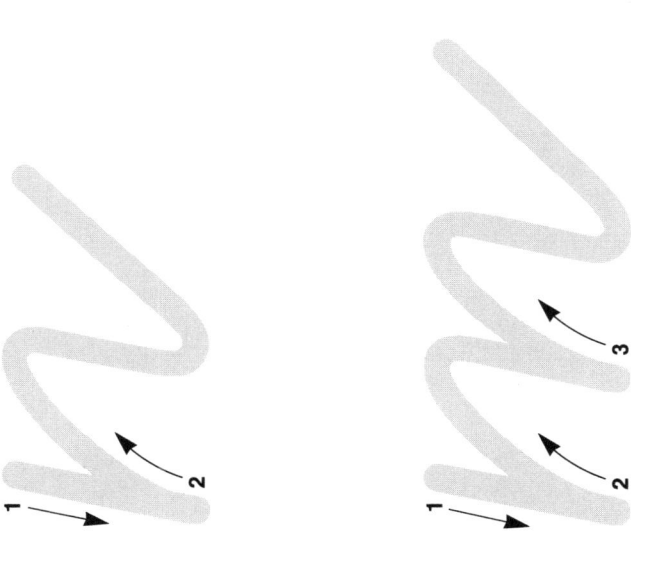

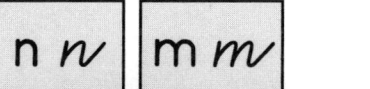

Mimi die Lesemaus Schreiblehrgang VA Ausgabe A
© 1997 R. Oldenbourg Verlag

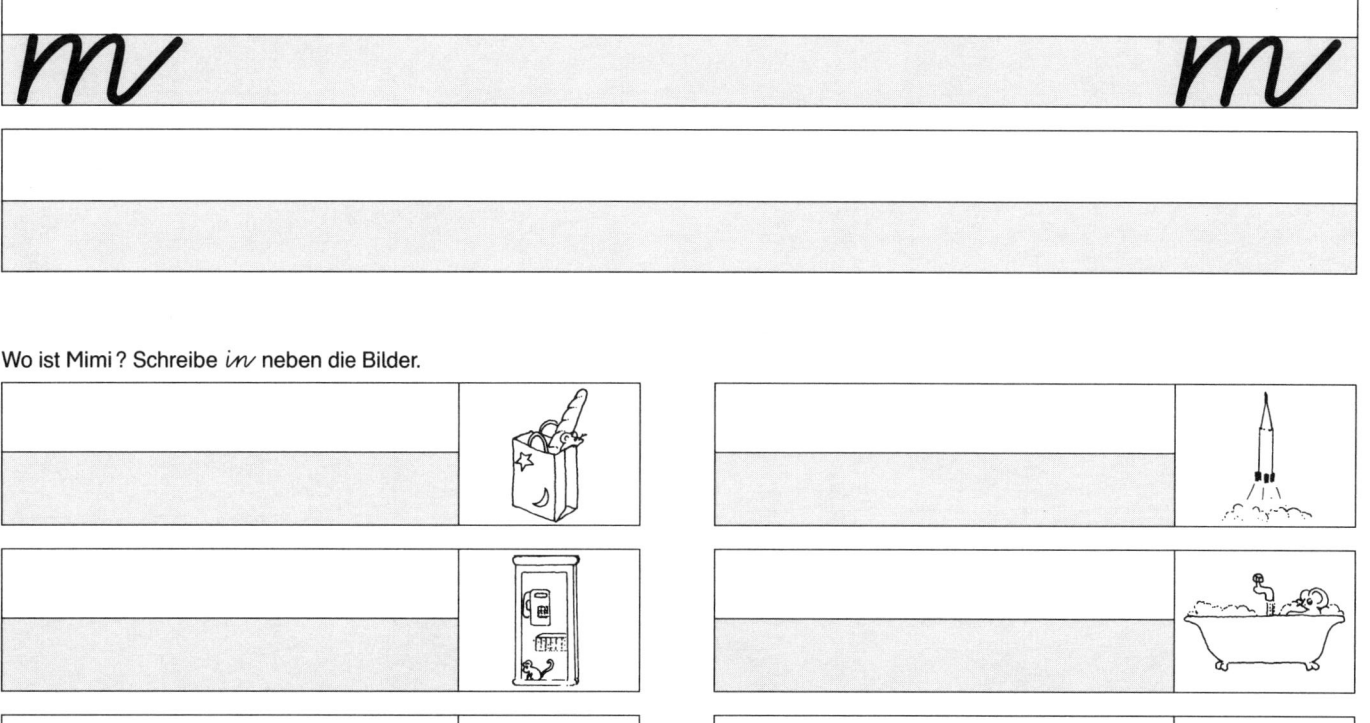

47

Wo ist Mimi? Schreibe *in* neben die Bilder.

n *n* | m *m*

# 48

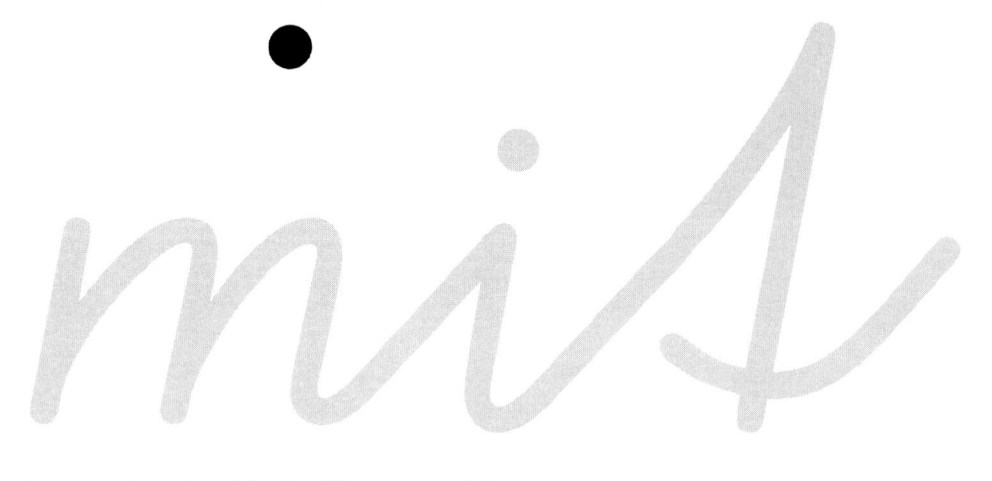

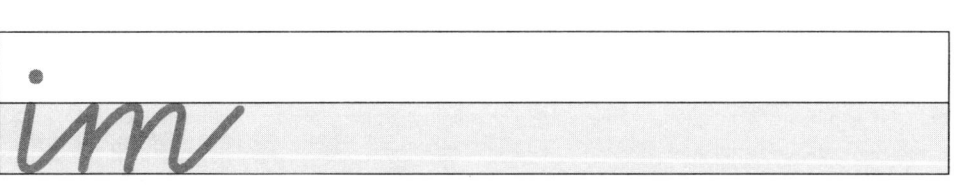

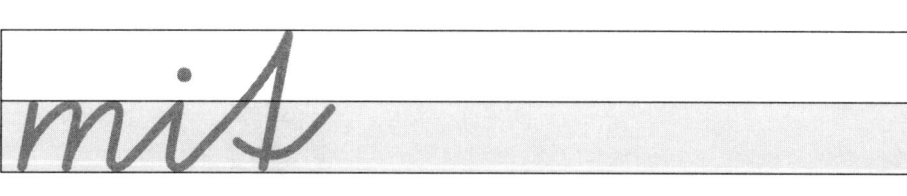

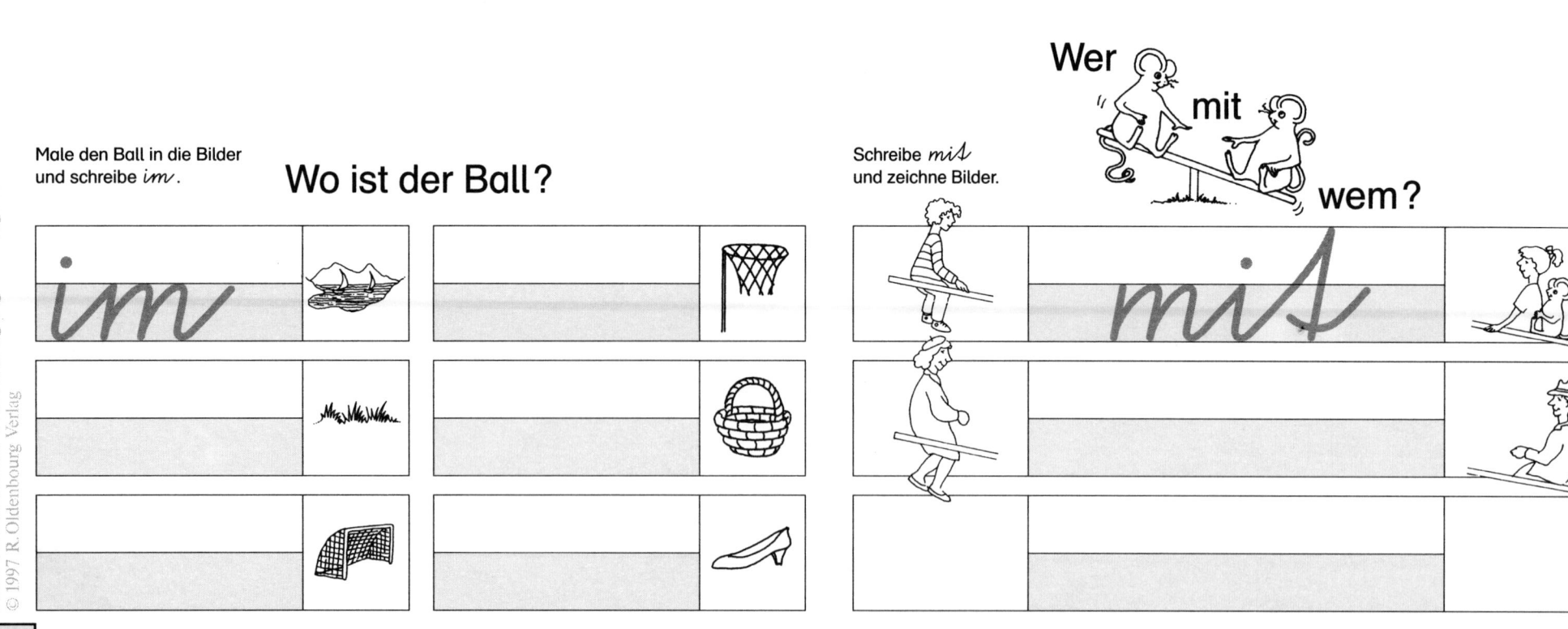

Mimi die Lesemaus Schreiblehrgang VA Ausgabe A
© 1997 R. Oldenbourg Verlag

Male den Ball in die Bilder und schreibe *im*.

## Wo ist der Ball?

Schreibe *mit* und zeichne Bilder.

**Wer** **mit** **wem?**

Zeichne dem Schaf ein warmes Fell mit vielen Locken.

e e

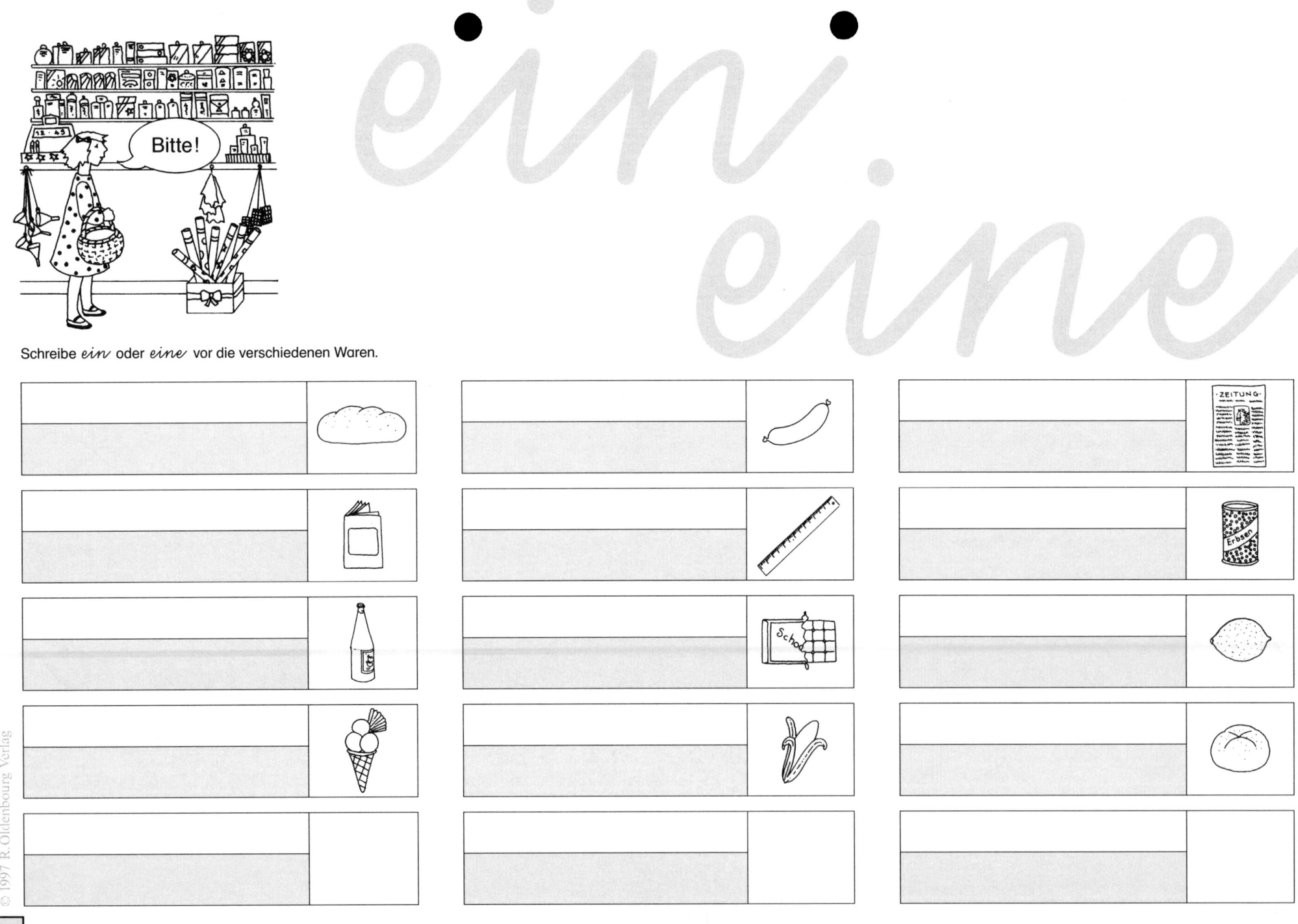

Schreibe *ein* oder *eine* vor die verschiedenen Waren.

Mimi die Lesemaus Schreiblehrgang VA Ausgabe A
© 1997 R. Oldenbourg Verlag

# ℓ

Wer hat sich hier versteckt?
Schreibe den richtigen Namen auf.

Uli

Ute

Till

Sprich die Namen der Tiere deutlich. Was hörst du am Ende? Schreibe *el* oder *le* neben das Tier.

Jeder Vogel hat ein Ei gelegt. Schreibe *Ei* unter die Tiere.

52 Mimi die Lesemaus Schreiblehrgang VA Ausgabe A
© 1997 R. Oldenbourg Verlag

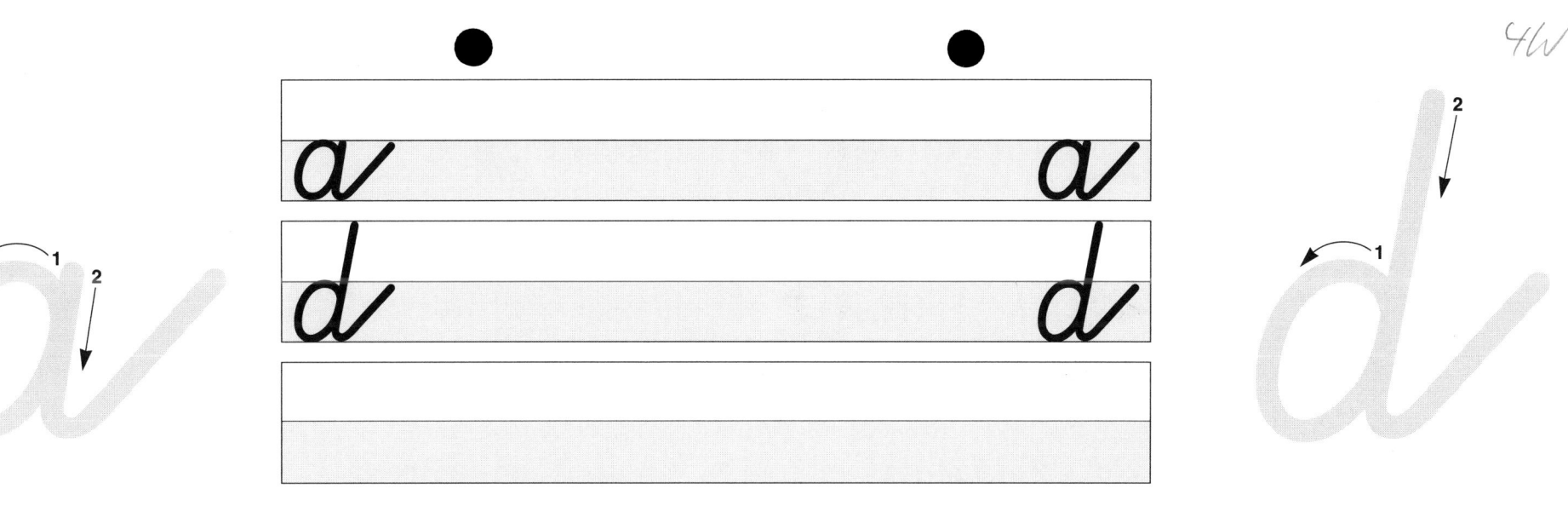

Mimi die Lesemaus Schreiblehrgang VA Ausgabe A
© 1997 R. Oldenbourg Verlag

53

Was sprechen die Mäuschen? Übe die kurzen Wörter.

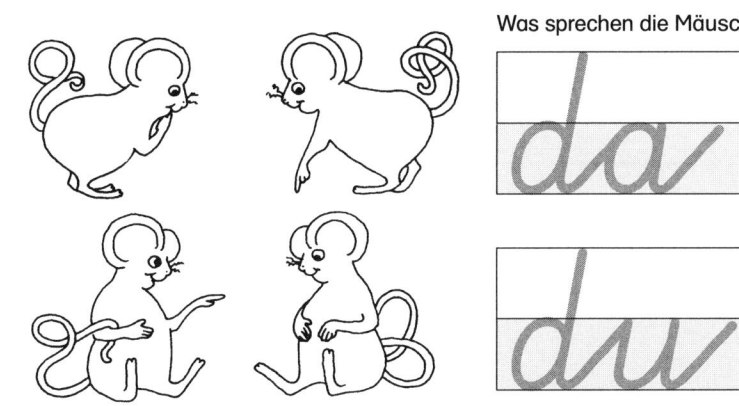

da
du
am
alle

a *a* | d *d*

# 54

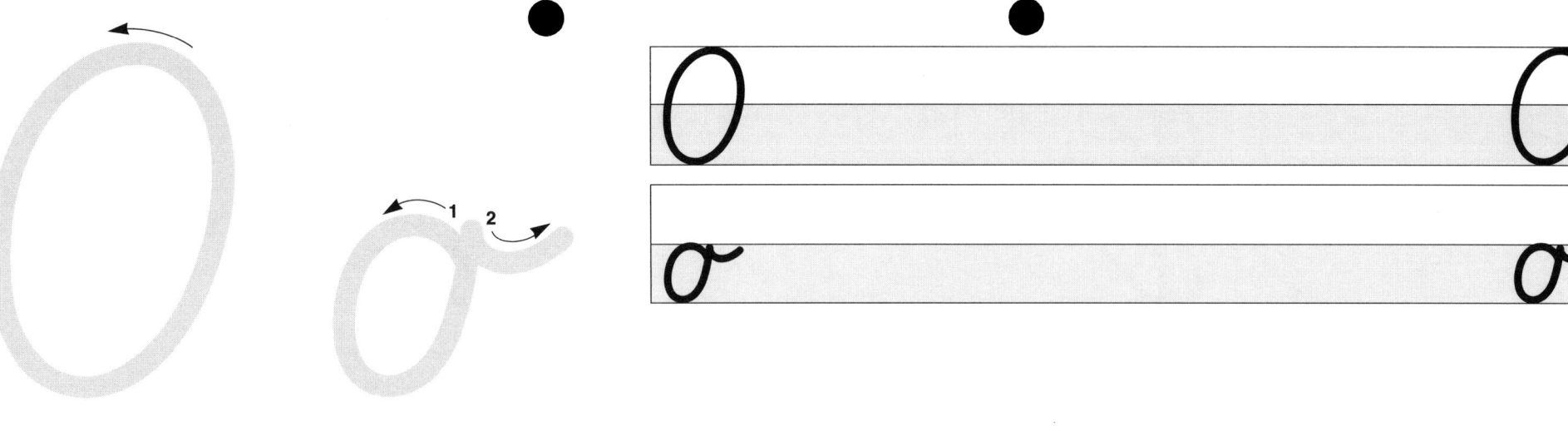

Mimi die Lesemaus Schreiblehrgang VA Ausgabe A
© 1997 R. Oldenbourg Verlag

O O o o

Ergänze die Sätze. Schreibe Malgeschichten auf.

Oma malt ein .

Mimi die Lesemaus **Schreiblehrgang VA** Ausgabe A
© 1997 R. Oldenbourg Verlag

55

g g

Die Maus als Eiskünstlerin. Zeichne die Spur mit verschiedenen Farben nach. Achte auf die Haltepunkte.

Schreibe *gut*. Zeichne, was dir gut schmeckt.

Mimi die Lesemaus Schreiblehrgang VA Ausgabe A
© 1997 R.Oldenbourg Verlag

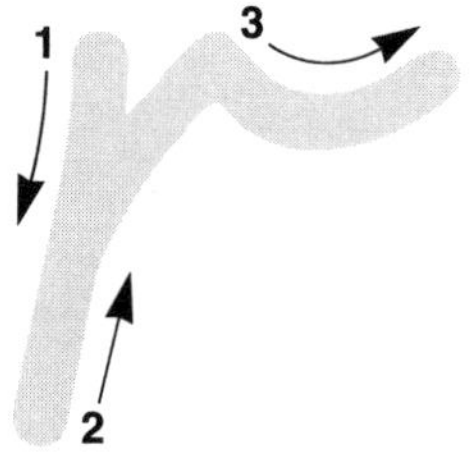

Mimi liest eine Geschichte von Paul.
Was kann er?
Ergänze Er in den Sätzen.

r r

reitet einen
läuft
turnt am
rollt mit einem
rennt mit einer

er
Er
r

Mimi die Lesemaus Schreiblehrgang VA Ausgabe A
© 1997 R. Oldenbourg Verlag

57

Schreibe nach und übe *Mutti*.

Schreibe *Mutti* in die Zeilen.
Verbinde alle Dinge, die Mutti gehören, mit den Zeilen.

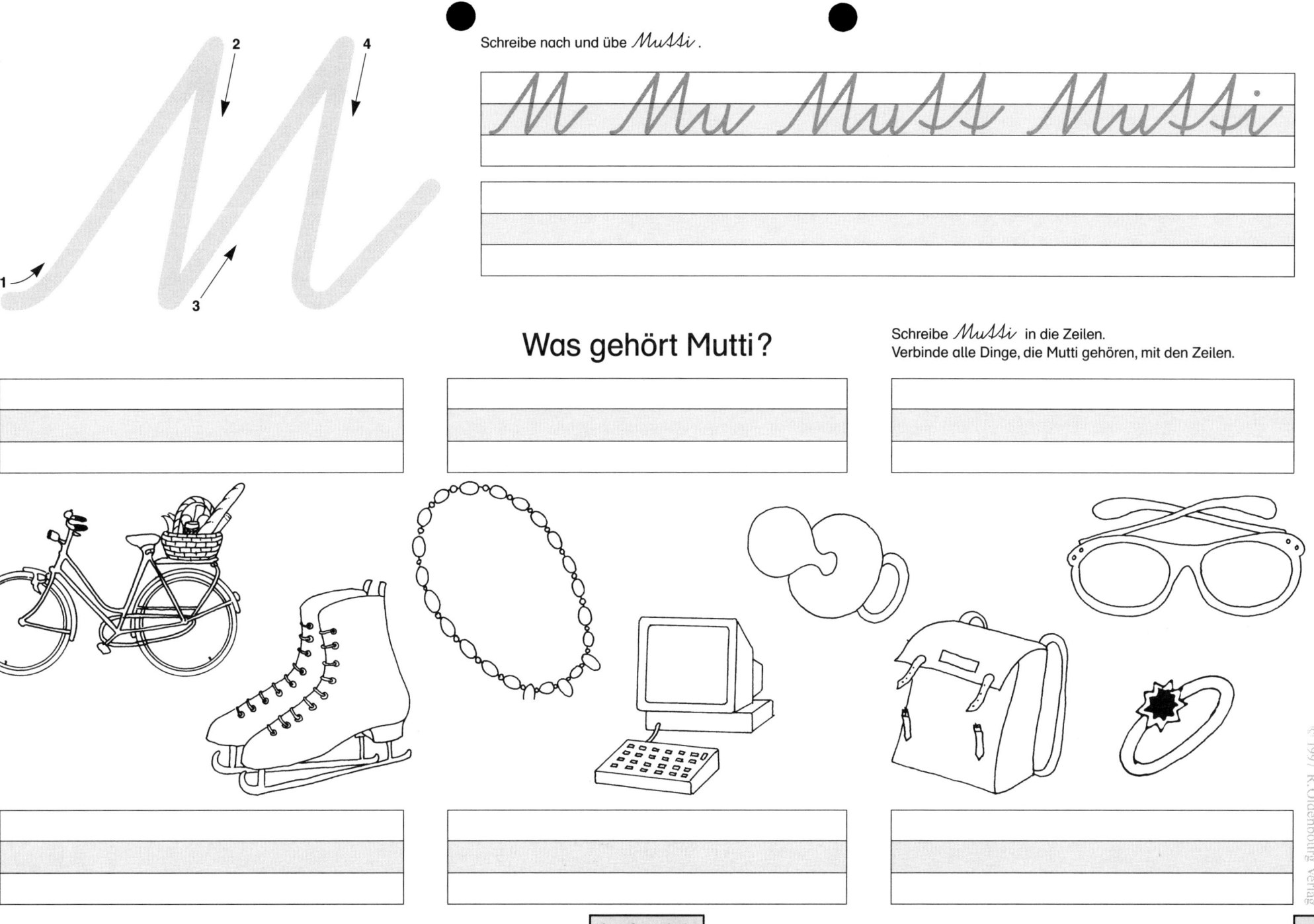

## Was gehört Mutti?

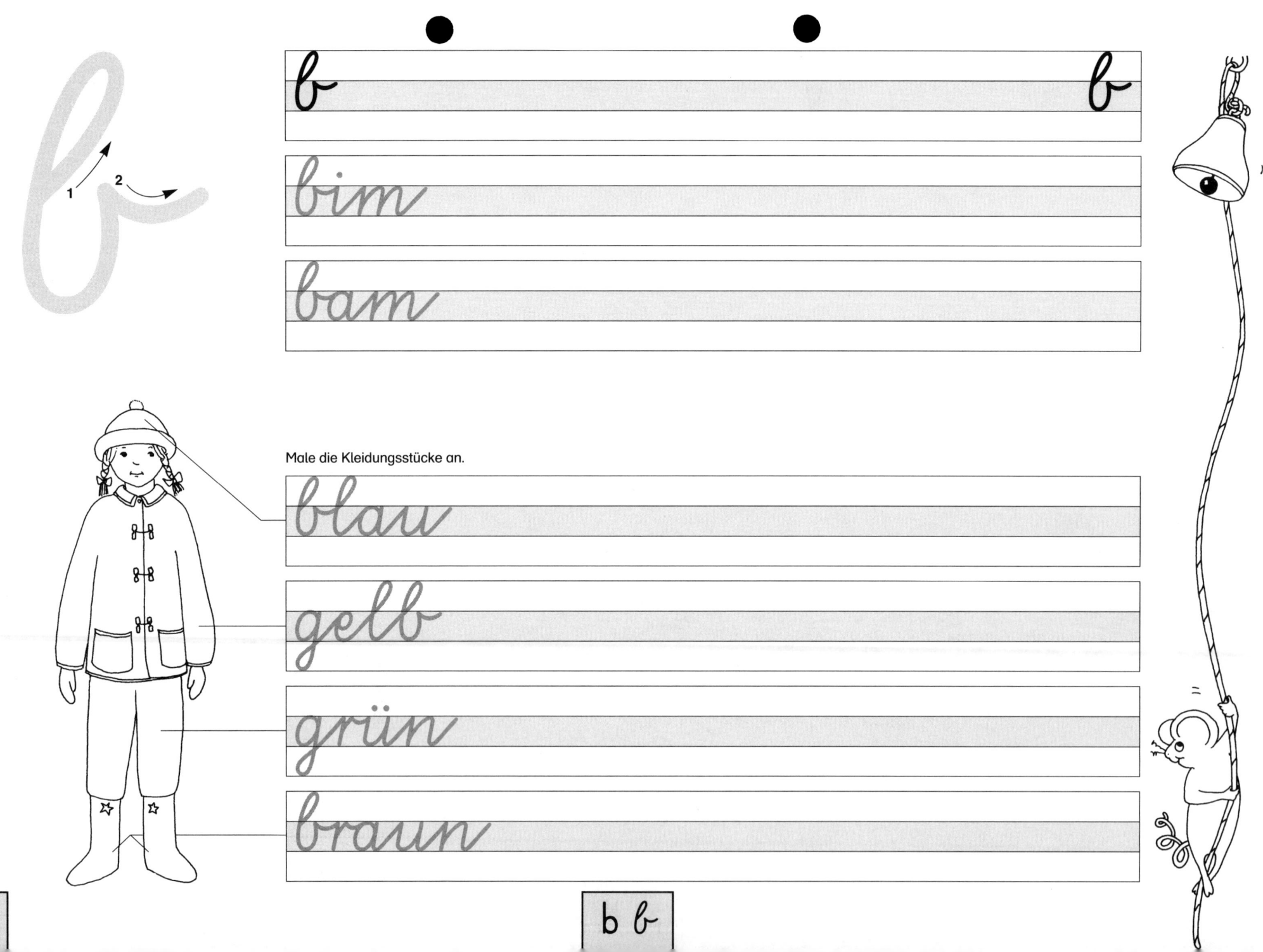

Mimi die Lesemaus Schreiblehrgang VA Ausgabe A
© 1997 R. Oldenbourg Verlag

b b

b
bim
bam

blau
gelb
grün
braun

Male die Kleidungsstücke an.

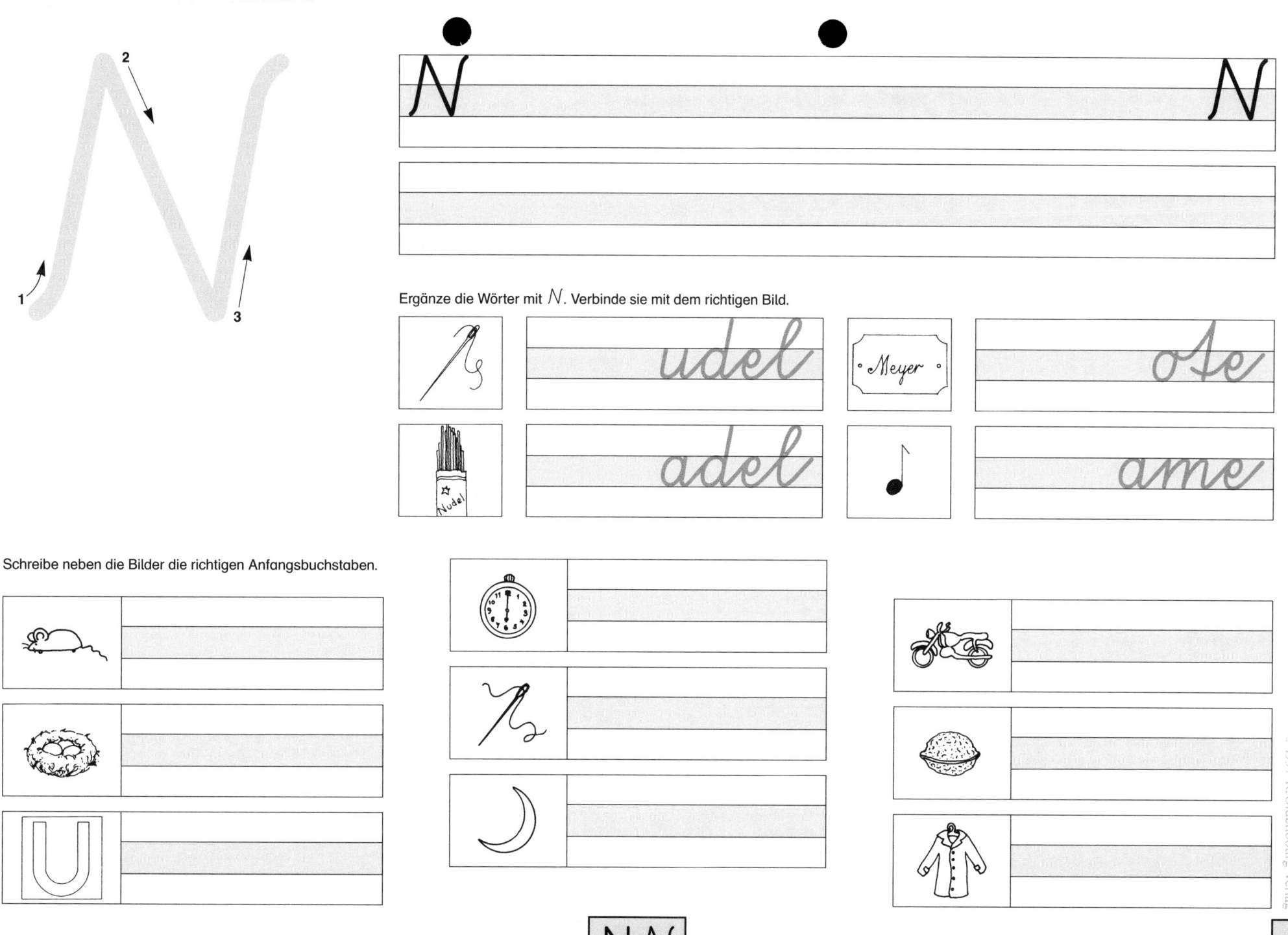

Mimi die Lesemaus Schreiblehrgang VA Ausgabe A
© 1997 R. Oldenbourg Verlag

59

Ergänze die Wörter mit *N*. Verbinde sie mit dem richtigen Bild.

Schreibe neben die Bilder die richtigen Anfangsbuchstaben.

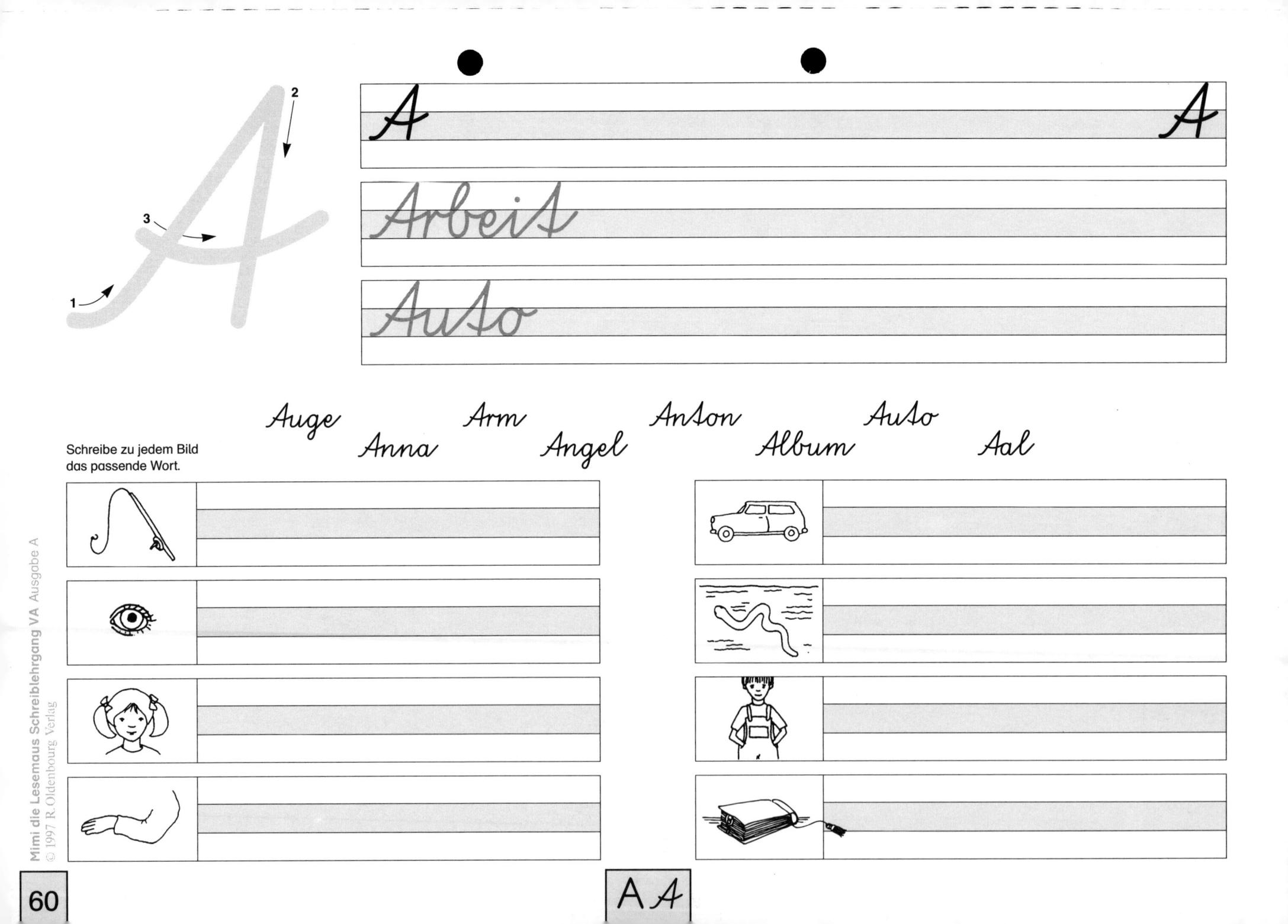

Mimi die Lesemaus **Schreiblehrgang VA** Ausgabe A
© 1997 R. Oldenbourg Verlag

Schreibe zu jedem Bild das passende Wort.

Auge   Anna   Arm   Angel   Anton   Album   Auto   Aal

A A

Arbeit
Auto
A

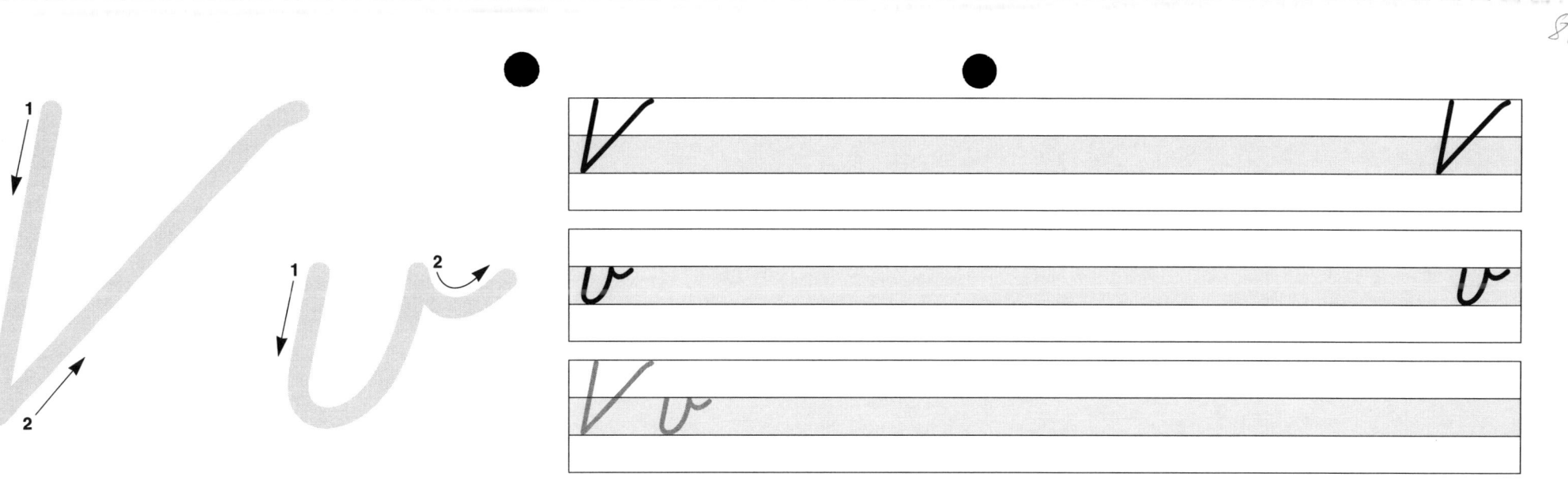

Mimi die Lesemaus Schreiblehrgang VA Ausgabe A
© 1997 R. Oldenbourg Verlag

61

Schreibe neben die Bildchen, von wem die Geschenke sind.

von Vati   Oma   Vera   Eva

Sind es vier oder viele Vögel? Beschrifte die Bilder richtig.

viele   vier   Vögel

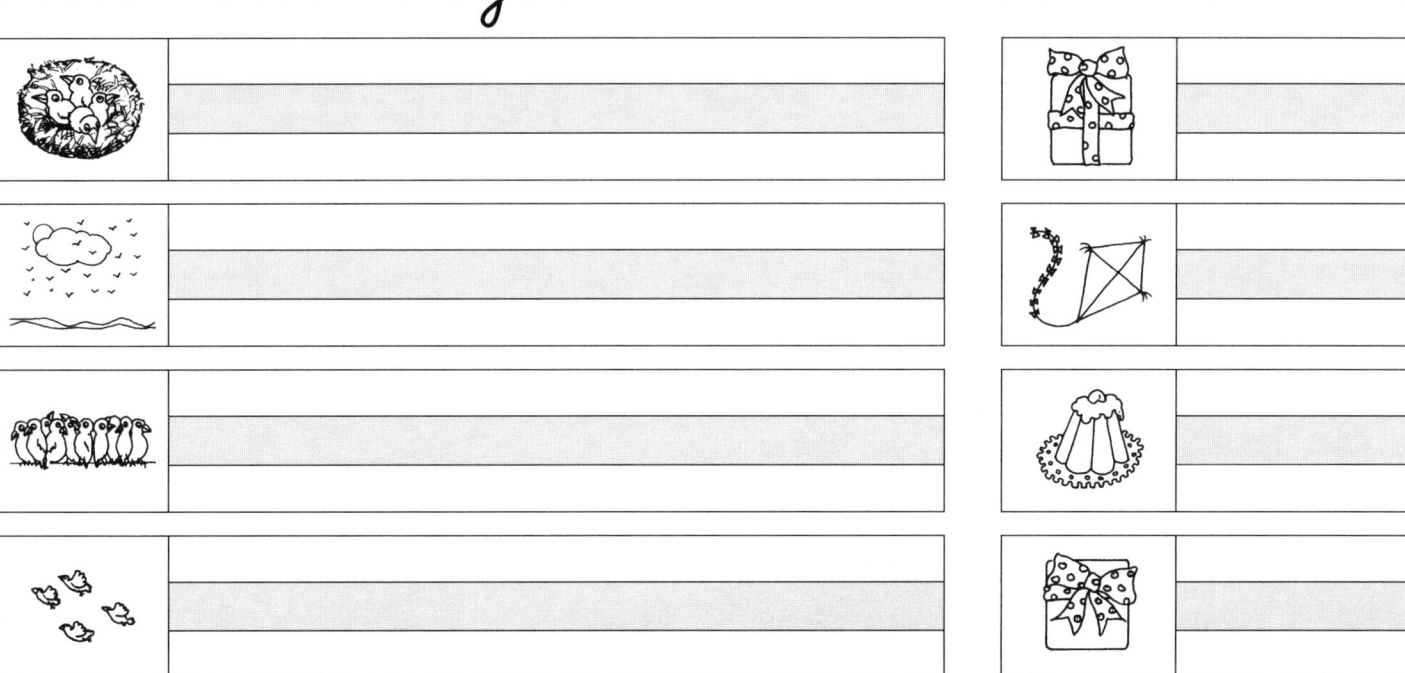

V V v v

# W w

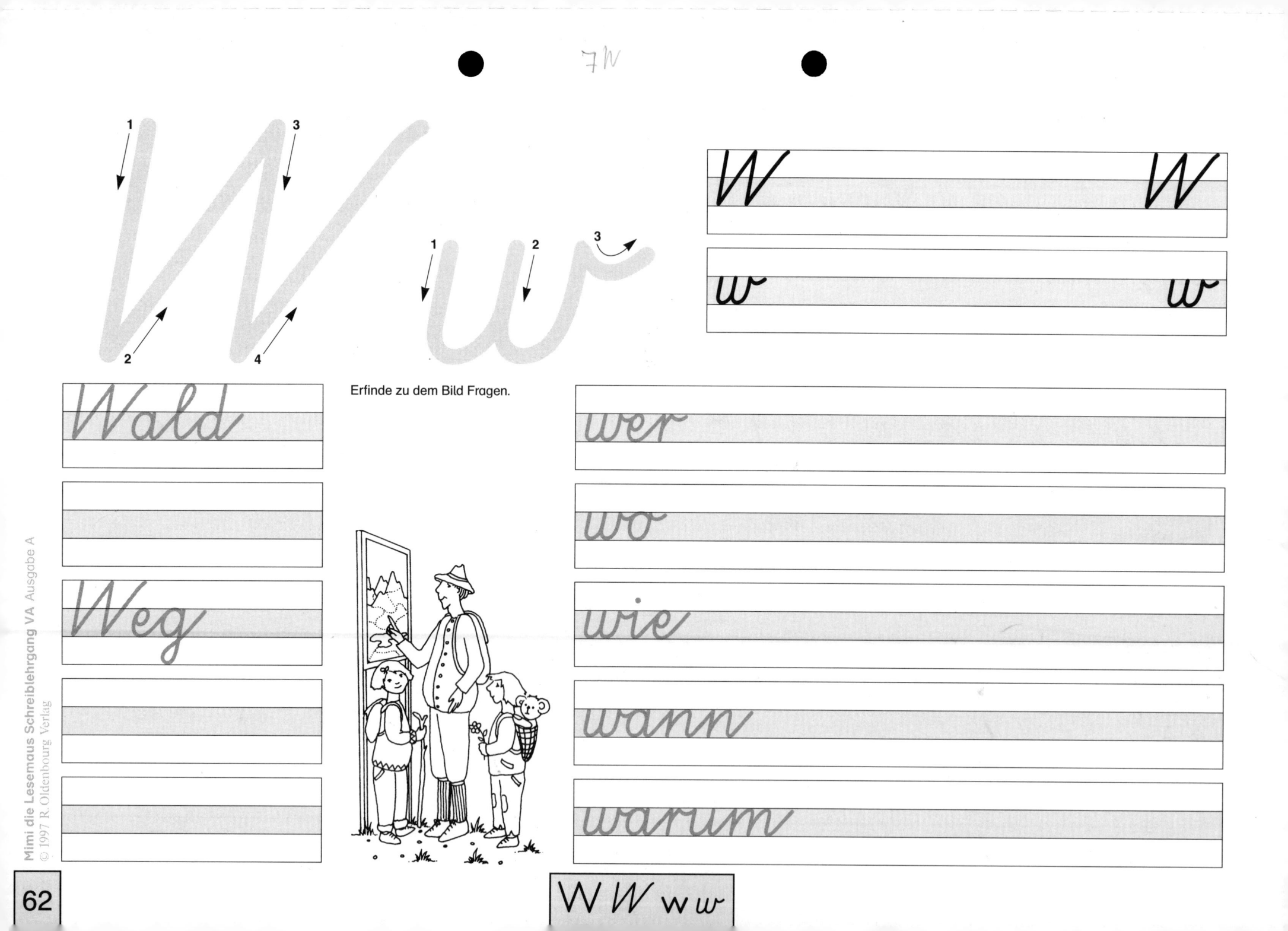

**Wald** **Weg**

*Erfinde zu dem Bild Fragen.*

**wer wo wie warum warum**

Mimi die Lesemaus Schreiblehrgang VA Ausgabe A
© 1997 R. Oldenbourg Verlag

63

f ƒ

f   fe   fa   fr

elf   tief   fein   fertig   faul   frei

Zeichne die Spur der Maus mit verschiedenen Farben nach.
Achte auf die Haltepunkte unten.

Schreibe zu jedem Bild das passende Wort.

11
frei

# 64

**h  h**
**ch ch**

ich mag dich
ich mag dich nicht

Schreibe zu den Bildern, ob du das Tier magst oder nicht magst.

Schreibe neben die Wörter den Gegensatz.

kalt   klein   krank   dick

| warm | |
| gross | |
| dünn | |
| gesund | |

k k | ck ck

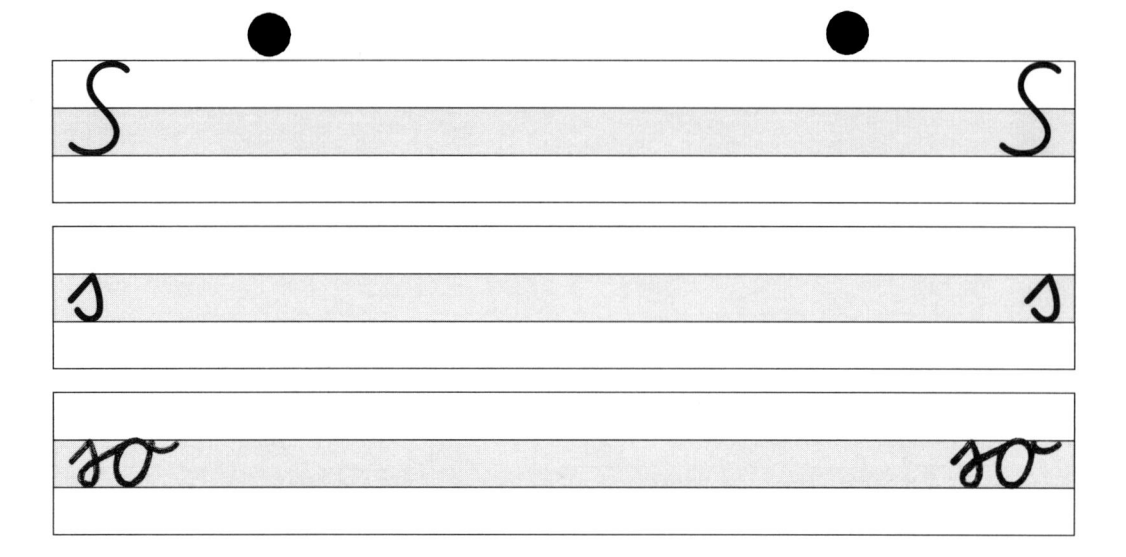

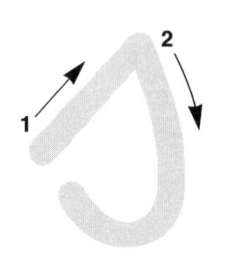

Mimi die Lesemaus Schreiblehrgang VA Ausgabe A
© 1997 R. Oldenbourg Verlag

Ss
s

S s

Warum muss Susi sausen?
Schreibe die Aufforderung neben die Bilder.

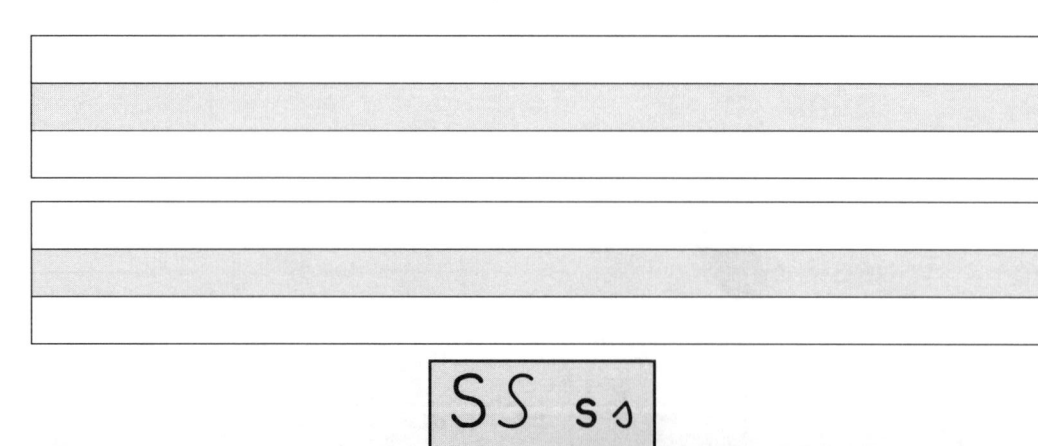

Susi, saus los!

Schreibe zu den Bildern die richtigen Wörter.

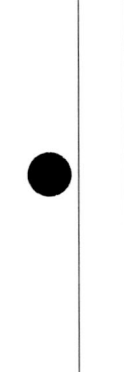

stehen duschen schaukeln starten
strecken schwimmen

st st | sch sch

# P p

Schreibe *Puppe* mit verschiedenen Farben.

*Puppe*

*Papa*

Übe jedes Wort und zeichne.

R R

R R

Rad Regen

B B

Ball Baum Buch

B B | R R

ß

ß

weiß
heiß
groß

ß

Schreibe weiß, heiß und groß neben die Bildchen.

Schreibe neben die Wörter die Gegensätze.

schwarz

kalt

klein

ß ß

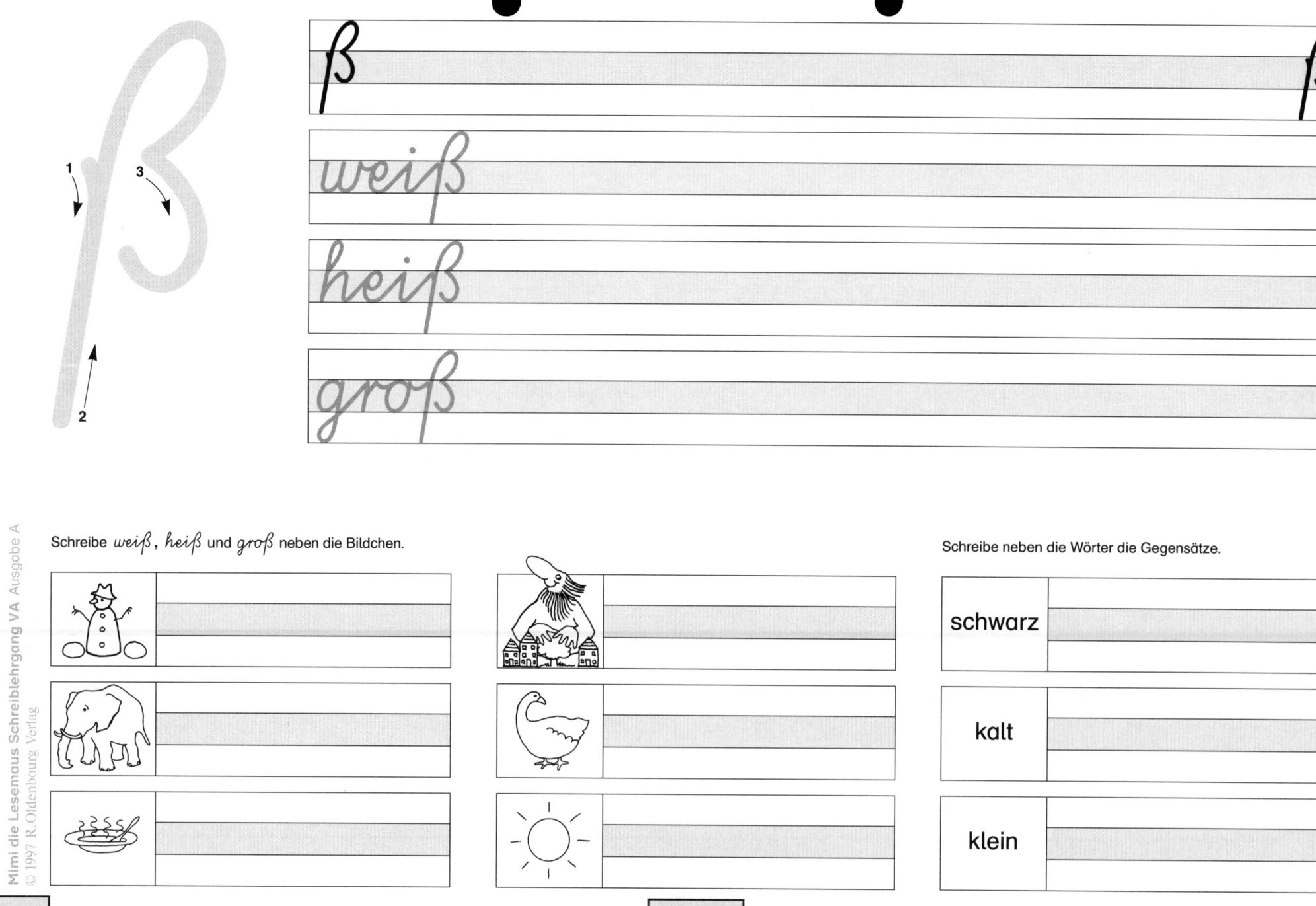

70

D F

J J
ℓ ℓ

Schreibe die Reimwörter
untereinander.

Fach → D...
Fackel → D...

Igel
Juni
Juli

D D | F F | J J | J ℓ

z Z

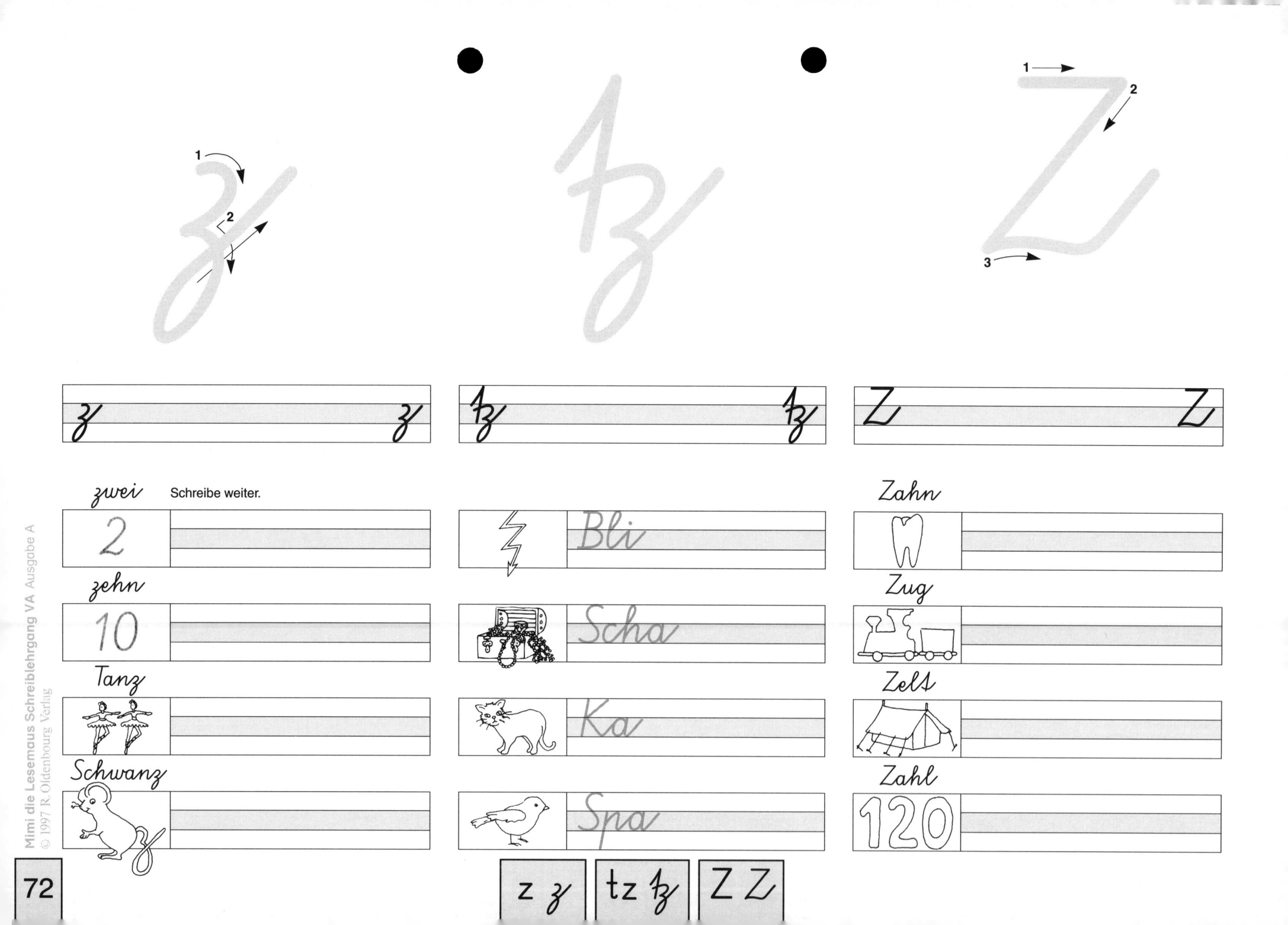

z z

zz zz

Z Z

Schreibe weiter.

zwei 2
zehn 10
Tanz
Schwanz

Blitz
Scha**tz**
Ka**tz**e
Spa**tz**

Zahn
Zug
Zelt
Zahl
120

| z | ʒ |
|---|---|
| tz | ʒ |
| Z | Z |

Mimi die Lesemaus Schreiblehrgang VA Ausgabe A
© 1997 R. Oldenbourg Verlag

**L ℓ**

Lampe  Lupe  Licht

Lotto  Lego  Leo

Schreibe neben die Bilder, womit Mimi und die Kinder spielen.

Lisa spielt
mit der

Mimi spielt

Leo spielt

**Schreibe das Lösungswort neben die Rätsel.**

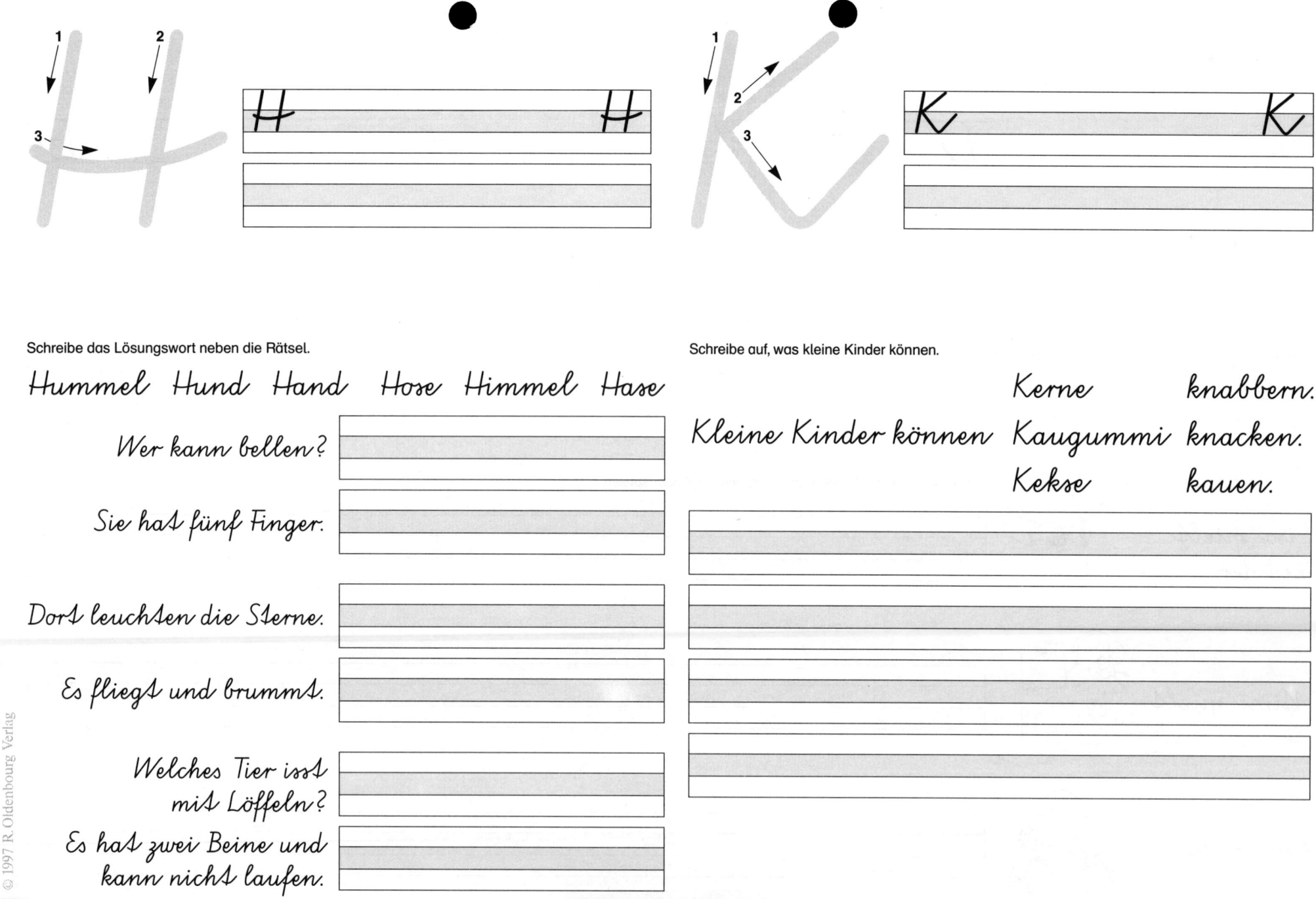

Hummel   Hund   Hand   Hose   Himmel   Hase

Wer kann bellen?

Sie hat fünf Finger.

Dort leuchten die Sterne.

Es fliegt und brummt.

Welches Tier isst mit Löffeln?

Es hat zwei Beine und kann nicht laufen.

**Schreibe auf, was kleine Kinder können.**

Kleine Kinder können   Kerne knattern. Kaugummi knacken. Kekse kauen.

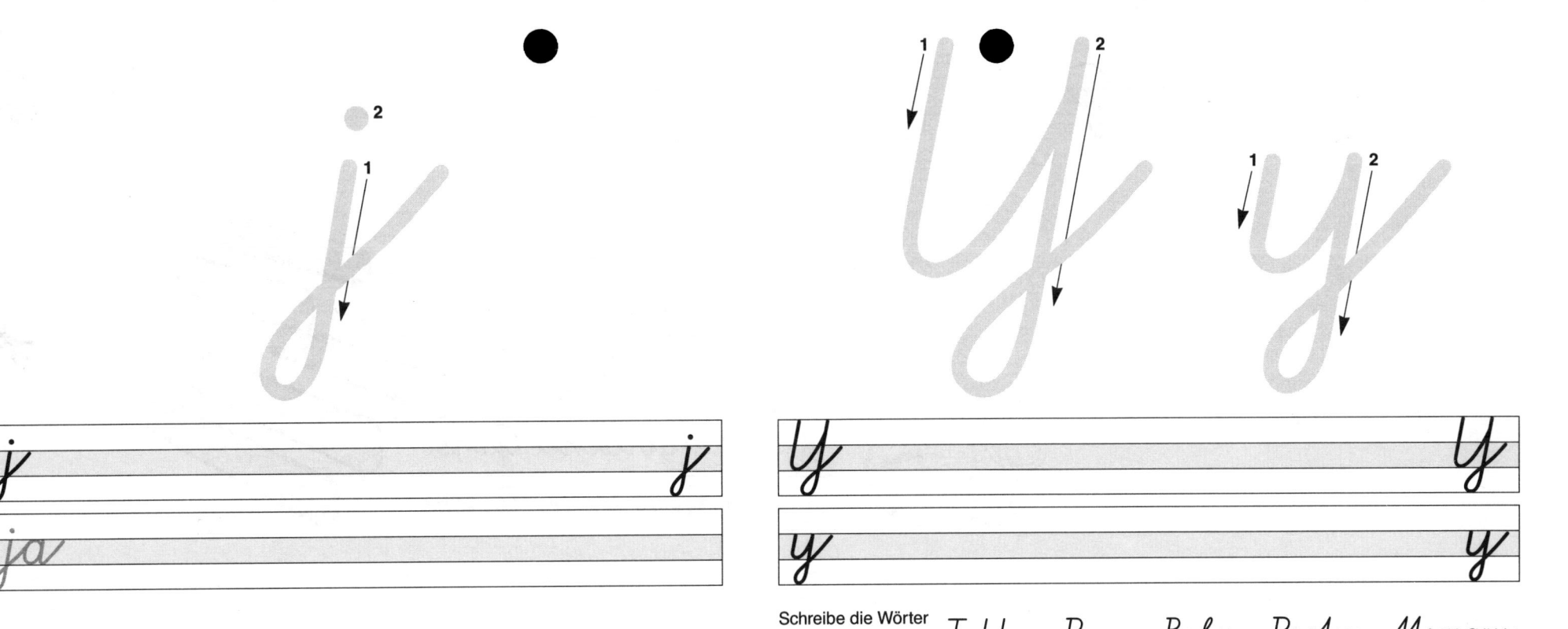

Mimi die Lesemaus Schreiblehrgang VA Ausgabe A
© 1997 R. Oldenbourg Verlag

75

## Y y

Schreibe die Wörter neben die Bildchen.

Teddy
Pony
Baby
Party
Memory

## J j

Beantworte die Fragen mit *ja* oder *nein*.

Bleibst du gerne lange auf?
Isst du gerne Schokolade?
Bist du wasserscheu?
Träumst du oft?
Magst du Tiere?

Ein paar Fragen an dich!

j J | Y y yy

# G g

Welche Märchen kennst du?
Schreibe die Titel auf.
Male ein Bild von deinem Lieblingsmärchen.

- Goldmarie und Pechmarie
- Der Wolf und die sieben Geißlein
- Hänsel und Gretel
- Hans im Glück
- Die goldene Gans
- Der Geist in der Flasche

Mimi die Lesemaus Schreiblehrgang VA Ausgabe A
© 1997 R. Oldenbourg Verlag

# C  Qu  qu

Welche Kindernamen kennst du? Schreibe sie auf.

Claus Christian Conny Cornelia
Cilly Claudia Chris Clemens
Coco Carmen Christine Carina

Immer zwei Wörter gehören zusammen.
Schreibe sie untereinander.

Quelle  Qualm  Quatsch  qualmen  quatschen  quellen

C C | Qu Qu qu qu

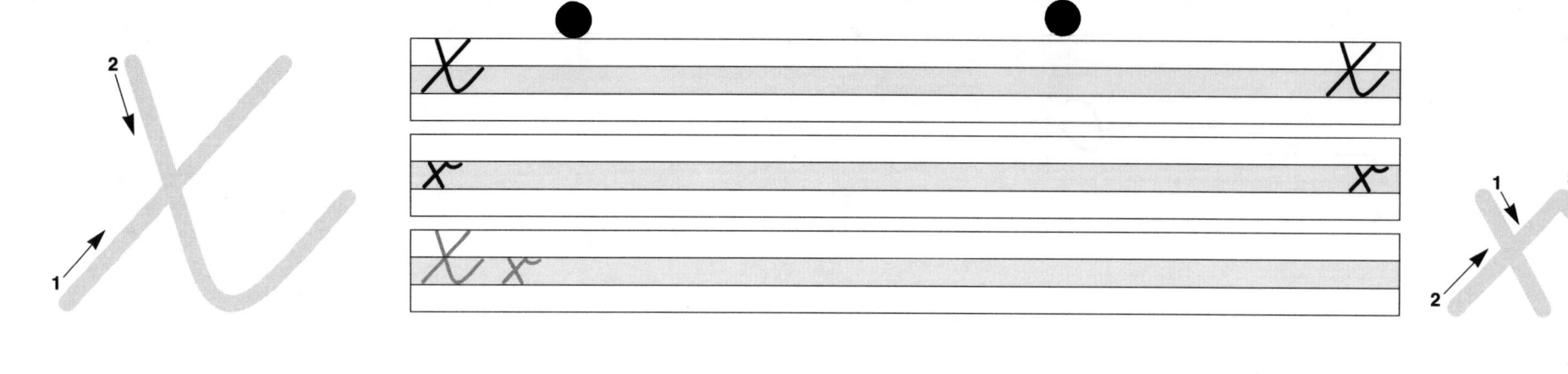

# 78

Mimi die Lesemaus Schreiblehrgang VA Ausgabe A
© 1997 R. Oldenbourg Verlag

X X
x x

Seltene Namen. Schreibe sie auf.

Xaver
Xenia
König Xerxes
Max und Moritz
Hexe

Xerxes Xaver Xenia Max und Moritz Hexe

Schreibe neben die Bilder die richtigen Namenwörter.

Mixer Axt Taxi Xylophon Lexikon

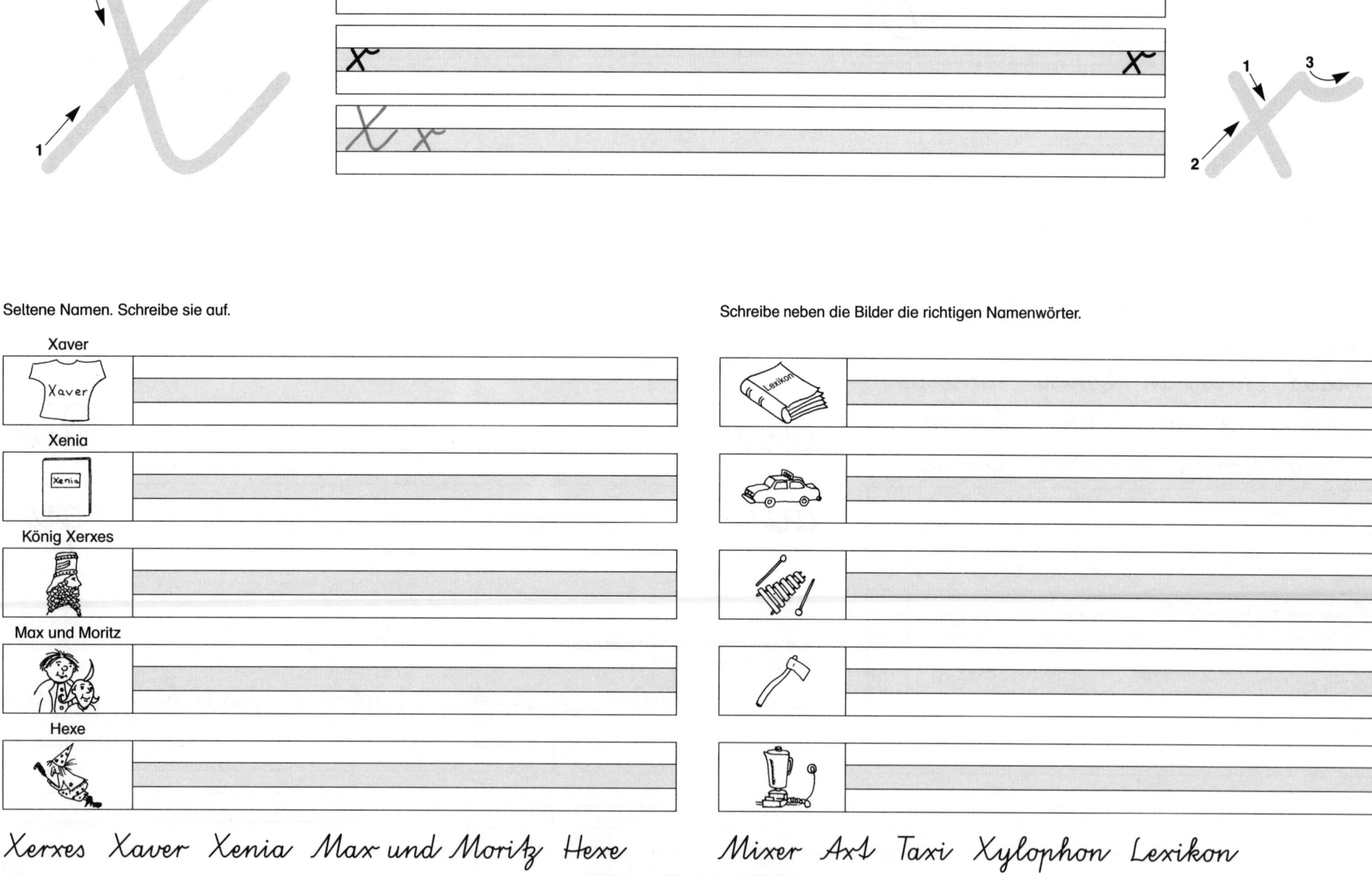

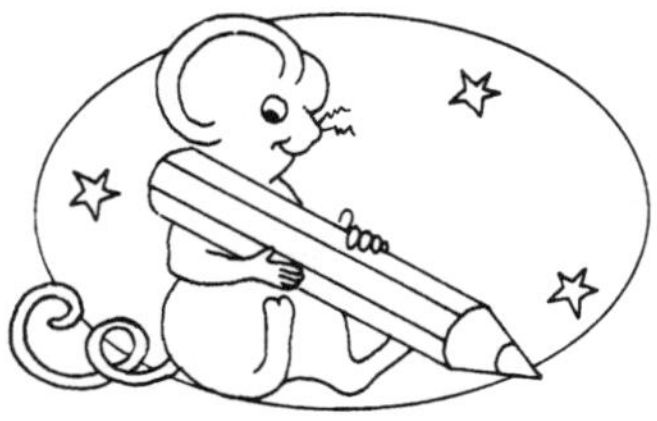

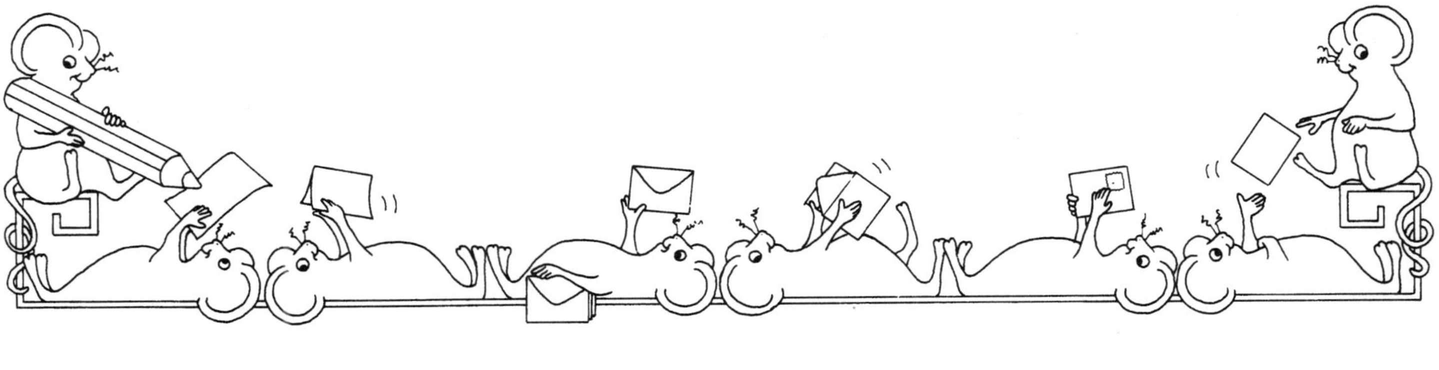

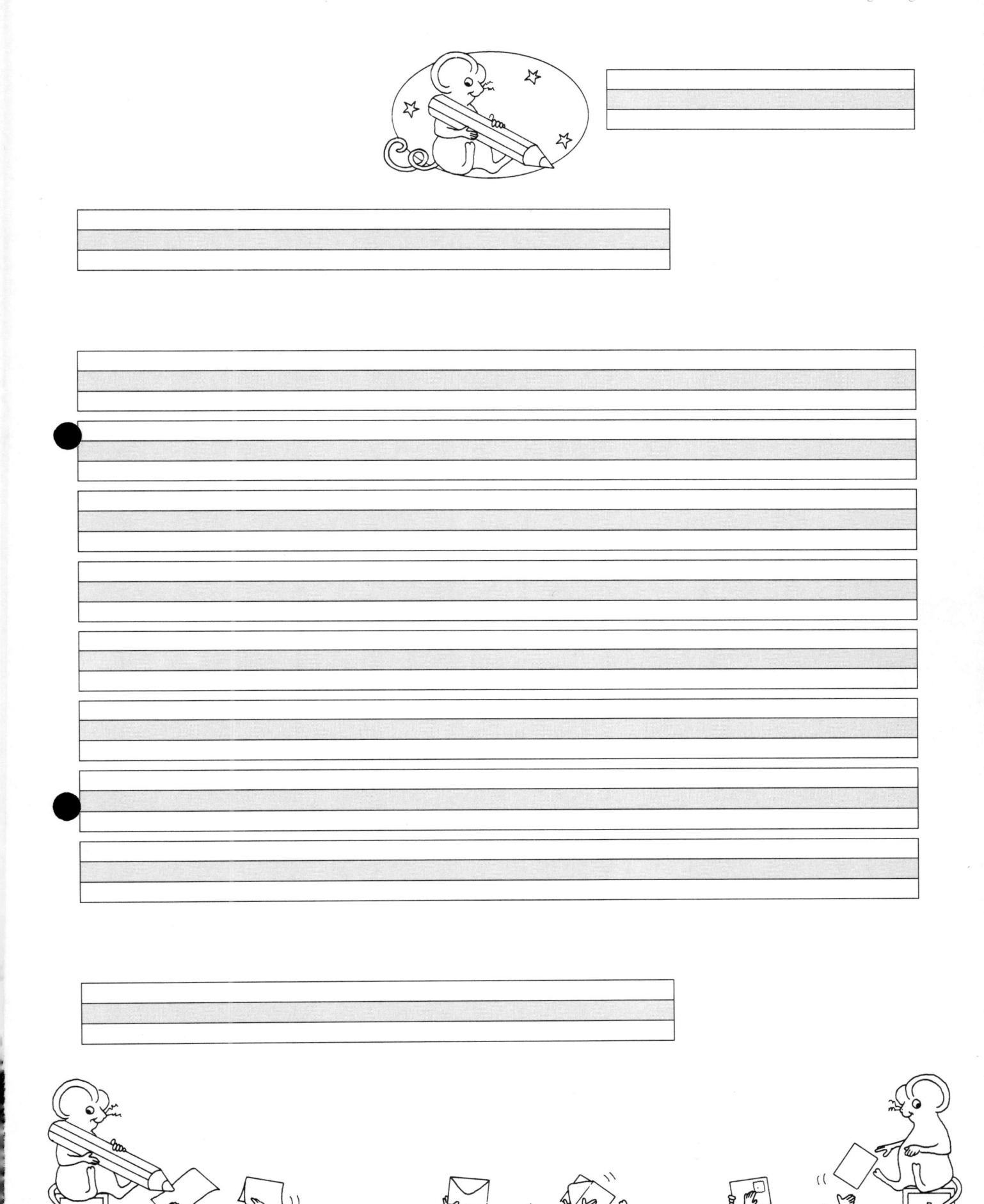